ガイアの伝言

――龍村仁の軌跡

濁川 孝志

でくのぼう出版

『ガイアの伝言 ――龍村仁の軌跡』に寄せて

俳優　榎木孝明

正直なところ、龍村仁監督はあくまでも表現者として「ガイアシンフォニー」の作り手であって、決して出演者にはならない人だと思って来ました。しかし監督を主役にしたこの本で監督の生い立ちを知ることで、監督が「ガイアシンフォニー」に行き着くべくして行き着いた理由が明確になり、少々見方が変わりました。とりわけ映像の編集に見られる他の誰にも真似の出来ない鋭い感性は、監督の育った時代と環境から培われたものだと納得させられました。

現代人が科学の発展に伴う便利さと引き換えに失ってしまった五感の繊細さと第六感を、「ガイアシンフォニー」の全編が私たちに優しく教え諭してくれます。それはまさに監督ご自身の持つ感性の賜物だったということを、この本は教示してくれます。

時代の節目には、次の新しい時代への橋渡し役が必ず登場します。明治維新の時の西郷隆盛のごとく。そんな時代の先駆者たる資格は、私心を捨てて艱難辛苦をものとも思わない強い精神力の持ち主であること。そして、そんなことすら微塵も気にかけない人物であること。私はそんな人物に龍村監督をダブらせて来ました。

物質文明から精神文明の時代への架け橋としての役割を、「ガイアシンフォニー」は見事に果たしてくれています。龍村監督の人物像をここまで深掘りしてくれた濁川孝志先生に感謝いたします。「ガイアシンフォニー第九番」の完成、それをもってこのシリーズが完結することが、すなわちそのまま新しい時代の始まりだと私は思います。この大きな功績を称えられても、物言わぬ少しはにかんだような龍村監督の笑顔が私には見えます。

目次

目次

挿画　ばしこ。

はじめに

かつて人が、花や樹や鳥たちと本当に話ができた時代がありました。その頃、人は自分たちの命が、宇宙の大きな命の一部であることを誰もが知っていました。太陽を敬い、月を崇め、風に問ね、火に祈り、水に癒され、土と共に笑うことが本当に生き生きとできたのです。ところが最近の科学技術のめまぐるしい進歩とともに、人はいつの間にか、『自分が地球の主人であり、自然は自分たちのために利用するもの』と考えるようになってきました。その頃から人は、花や樹や鳥たちと話す言葉を急速に忘れ始めたのです。人はこのまま自然と語り合う言葉を、永遠に忘れてしまうのでしょうか。それとも科学の進歩と調和しながら、もう一度、その言葉を思い出すことができるのでしょうか。

これは龍村仁監督が、映画『地球交響曲』の中で述べている言葉です。そしてこの問いこそが、人間龍村仁が僕たちに投げかけるメッセージなのでしょう。龍村監督は、僕たちに再びその力が宿ることを願っている。いや信じている。その想いこそが、彼をして時に困難な映画作りをさせているのでしょう。そして、それはおそらく神によって与えられた龍村仁の使命なのだと思います。

初めに少し自分（濁川）の事を書きます。

映画監督の龍村仁氏とはじめてお会いしたのは、新宿御苑近くにある少しタバコくさい監督のオフィスでした。ビルの13階にある小さな部屋の窓から見た新宿御苑。眼下の紅葉の樹々がとても美しく、映画『地球交響曲』はこんな景色を観ながら生まれるのか……そんな感想をもったことを覚えています。透明な空気が心地よい晴れた日の午後でした。

その時僕はあるシンポジウムを企画しており、その講師の一人として龍村仁監督を考えていたのです。２０１１年の秋のことです。その企画というのは、忘れもしない２０１１年3月11日に発生した東日本大震災、この震災をテーマにしたものでした。震災発生から僅か数ヶ月しか経ていないその頃、日々のニュースには必ず震災関連の話題がのぼり、計画停電という国の施策が嫌でも僕らの日常に震災の影を落としていました。

東日本大震災は、かつて日本が経験したことのない未曾有の大災害でした。いや、歴史を紐解けば過去にもあったのかも知れませんが、少なくとも我々現代人がリアリティをもって想像できる域を遥かに超えるものでした。おびただしい数の死者と行方不明者。愛する人、住む家、仕事、地域、仲間、絆、そして将来の夢……そういった大切なものが一瞬で失われた悪夢。地震で崩れる野山や建物。逃げ惑う人々を飲み込む津波。追い打ちをかける原発の崩壊、それによる放射能汚染。非現実的な目の前の出来事に呆然と立ちすくむ人々。当時多くの被災者は、そこで起きている事態を理解できなかったのだと思います。だからこそ、何とかあの日々を生き延びることができたのでしょう。あれから9年の歳月を経た2020年現在、多くの被災者たちは未だ日常の問題としてあの震災に向き合っています。過去の出来事にはなっていないのです。

当時僕の心には、「この震災にいったい何の意味があるのか」という思いが渦巻いていました。というのは、僕は大学の教員をしており自身の講義の中でスピリチュアルな思想や世界の先住民族の教えを紹介し、『世の中で起こる全ての事象には意味と価値がある。一見ネガティブに見えるような事にも、そこには深い意味が隠されている。』などと、座学で学んだ知識や情報を、さも分かったような顔で述べていたのです。自分でも頭ではそう信じていました。しかし東日本大震災という現実を前に、僕はそこから〝得るべき学び〟をどう学生に説明したら良いのか分かりませんでした。あの未曾有の被害をもたらした3・11には一体どんな意味があったのか。想像を絶する悲しみを振り撒いたあの災害に、何の意味を見出せと言うのか。そう学生に問われた時、答えに窮する自分がいました。答えを見つけようと自分なりに考えを巡らせたのですが、明快な答えは出ません。自分なりの思いはあっても、自信が持てません。あの頃、僕のようにその答えを求め、日々自問を繰り返していた人は多かったのではないかと思います。そして思いついたのがシンポジウムの企画です。先に記したようなスピリチュアルなメッセージを発信している識者に、この意味を問うてみよう。できれば公開の場で議論をしてみよう。そう思い立ったのでした。識者として頭に浮かんだのは、映画『地球交響曲』でこの種のスピリチュアルなメッセージを発信していた龍村仁監督。もう一人は、当時『人は死なない』(バジリコ)を出版し、人生の意味や生死の意味、人の生き方などに言及されていた東大医学部教授の矢作直樹先生。このお二人に、この問いの答えの一端を求めようと思い立ったのでした。

その時大学に提出した企画書の一部が以下のものですが、ここにその時の僕の想いが素直に綴られています。この企画は大学のHPやフェイスブックなどで広く周知され、結果このシンポジウムには日本各地から300名を超える人たちが参加してくれました。当時多くの人達が僕と同じ問いを抱え、その答えを求めていたのです。

シンポジウム「3・11を超えて ——僕らはどこを目指すべきか——」企画の要旨

昨年の東日本大震災は日本に未曾有の被害をもたらした。これを、自然がもたらした単なる災害としてとらえるのは簡単であるが、それではあまりにも損失が大きすぎ、我々は次の一歩が踏み出せない。現実にはもちろん日々の生活が流れていくのだが、我々が本当の意味で一歩を踏み出すには、つまり明日への希望を胸に生きてゆくためには、心の中でこの事実を受け止め、それを理解するプロセスが必要である。

また、古来多くのスピリチュアルな思想の中には、「全ての現象には意味がある」とする教えが多い。矢作直樹や龍村仁は、その著書や映像を通じ、この種のスピリチュアルなメッセージを投げかける。では、今回の震災には、どのような意味があるのか。そして、この事実をどのように認識し、どのように受け止めれば我々は次の一歩が踏み出せるのか。これらの問いについて、お二人の講師に意見をもとめながら、会場と共にこのテーマに関する議論を深めたい。

初めて監督のオフィスを訪れたとき、僕はとても緊張していました。アポは取ってあるとはいえ、自分の大好きな映画を撮った尊敬すべき存在に初めてお会いするわけです。しかもその人柄までは分からないし、こちらは公の場で「3・11の意味を説明して欲しい」などという、かなり厄介なお願いをしなければなりません。きちんと自分の考えを伝えることはできるだろうか。ぶしつけな依頼と受け止められないだろうか。でもまあ、これが社会に本当に必要なものでなければ、この依頼は断られるだろう。そしたら止めればいい。全ては神様が決めること。そう思って開き直ることができました。いつもの僕のやり方です。この心配が杞憂であることは、すぐに分かりました。監督の目を見て初対面の挨拶を交わしたとき、ああこの人とは落ち着いて話ができる。これはきっと上手くゆく。そんな確信に近い思いが生まれたのでした。龍村仁監督は偉そうな素振りを微塵も出さず、まるで旧知の友のような気楽さで僕を迎えてくれたのです。この時頂いたご縁で龍村監督との交流が始まり、以来映画『地球交響曲』の上映会や監督の講演会など、僕の勤める大学で何度もやらせて頂くことになりました。今思うと、これはとても有難いご縁でした。大げさではなく、自分の人生に新たな可能性を拓いてくれたご縁でした。

一方、映画『地球交響曲』との出会いは、これよりずっと以前に遡ります。『地球交響曲』

を初めて観たのは、地元のアース・デイのイベントだったと思います。アース・デイというのは、毎年4月22日に行なわれる地球環境をテーマにした国際規模のイベントです。それが何年前の事だったのかハッキリ覚えていません。おそらく20年以上前だったと思います。この時に観たのはガイアシンフォニーの一番で、当時はまだこの1作しかありませんでした。だからタイトルも単に『地球交響曲』で『地球交響曲第一番』ではなかったと思います。ところで、僕も僕の仲間もこの映画を「ガイアシンフォニー」、あるいは単に「ガイア」と呼んでいるので、本書でも、以降、地球交響曲ではなくガイアシンフォニー、あるいは簡単にガイアと記すことにします。この一番を見た時の印象は、随分前のことなのでハッキリした記憶ではないのですが、不思議な映画だなあ……というような感想だったと思います。トマトの群れ、象の悲しげな姿、遠くを見つめるメスナー、ケルトの文化の中に漂うエンヤの姿などが脈絡もないまま、妙に印象に残ったのを覚えています。映画のメッセージが良く理解できず、というより自分の中でまとめることができず、すんなりと腑に落ちない映画。言い方を換えると、妙に記憶の片隅に引っかかる映画でした。

その後、再びガイアシンフォニーに出合ったのは、星野道夫が登場する第三番でした。僕の中では、むしろこの三番こそがガイアとの邂逅であったと思います。当時僕の中では、写真家の星野道夫が大きな存在になっていました。その星野道夫をテーマにした映画があるという。その時既に星野道夫は他界していたので、僕はそんな映画あるのかなあ、という思いで上映会場に向かったのでした。この映画には圧倒されました。不意に、それこそ虚を衝かれたように、目頭が熱くなるシーンがありました。当時僕は星野道夫を研究テーマとし、特に星野道夫が示したスピリチュアリティが重要なテーマだったのですが、僕が求めていたものが正にこの映画で表現されていたのです。これを切っ掛けに、既存のガイア作品を全て観ました。一番も再度観直しましたが、以前の記憶とはまったく異なる印象でした。僕が普段考えていること、しかし自分の中で上手く整理できないでいること、上手く焦点が合わずもやもやしたモノが映像と音楽で見事に表現されていました。ああ、今の社会に求められているのはこういう生き方、考え方だよなあ……という思いです。初めて一番を観た時から歳月が流れ、自分の中で何かが変わっていたのです。

僕の研究の専門分野はウエルネスという領域なのですが、そこで常々僕が学生に伝えていることが、この映画ガイアシンフォニーにきれいに表現されています。ウエルネスというのは乱暴なくらい簡単に言えば、「いかにより良く生きるか」ということを追及する学問分野です。そこで僕が学生に伝えている事が3つあります。余談になりますが、この3つは僕自身のガイアの捉え方とも重なりますので、その3要素について簡単に説明したいと思います。

1つは、「生き方の多様性」という事です。要は、何を仕事にしてもいいんだ。好きなことを一生懸命やればそれでいいんだ、という事です。そんなことは当然な事だと思うのですが、大企業、有名企業を目指し安全路線、横並び路線を志向する今の学生には、意外とこの当たり前の発想がないのです。そして多くの若者が、将来に漠然たる不安を抱えているのです。しかし、自分のやりたいこと、生きがいを真剣に考えなかった代償は、早期の転職へと繋がるようです。星野道夫という人は、自分の好きなことを追求しウエルネスに根差した生き方を体現した人でした。そして、映画ガイアシンフォニーには、自分の好きなことを神に導かれるように全うする魅力的な人たちが溢れています。

2つ目は調和。近年蔑ろにされがちな「人と自然との調和」。これは、「科学技術と自然環境の調和」と言い換えても良いのかもしれません。人間のためだけに、この地球がある訳ではない。人間も地球の中で、他の生命と同じ平等な一員なんだという発想ですね。この発想があれば、原発なんて有り得ないと思うのです。この他に「多人種、多民族の調和」「国と国との調和」も大切です。要するに多様な存在を互いに認め合う精神の重要性です。多様で異質なものが共存し、お互いを尊重した時に生まれるハーモニー。同じ音だけでは、いくら音を重ねてもハーモニーは生まれません。異なる音どうしがお互いの存在を生かした時、そこに初めてハーモニーは生まれます。これこそ、龍村監督がシンフォニーとして描いた映画の真髄だと僕は考えます。

そして3つ目は、「人知を超えた力、現象」の存在です。それは、「神」と呼んでも、あるいは、「宇宙の摂理」と呼んでもよいかもしれません。そういう力の存在を認識することで、人は謙虚になれる。そしてこの3つの要素の全てが、見事に映画「ガイアシンフォニー」に表現されていました。

この映画を多くの人に観てもらうこと。それは、大げさに言えば、現代社会に求められている大切なミッションのように僕には思えました。そこで僕は、自分の勤務する大学でこの映画の上映会をすることにしたのです。先に記した「3・11を超えて」というイベントの時にも、講演の前に『ガイアシンフォニー第五番』を上映し、「命」について考えてみました。この時も、映画のとあるシーンを観て思わず涙が出たのを覚えています。暗闇で、誰にも気付かれなかったのが幸いでした。

しかし考えてみると、ガイアシンフォニーというのは実に不思議な映画です。１９９２年の初上映以来、ほぼ草の根の自主上映だけに支えられ、実に２５０万人もの観客動員があったのです。現在八番まで完成したガイアシリーズですが、この動きは25年以上経った今でも続いています。しかし、自主上映というのは口で言うほど簡単ではありません。まず映画の上映権と上映会場を確保します。これらには通常、何十万円という経費が発生します。従ってイベントを有料にして、かつ一定程度の観客数に満たないと赤字になるのです。集客は、今でこそインターネットのＳＮＳで簡単に周知できますが、25年前は全て口コミやチラシという方法でした。中には、直前まで観客動員が見込めず、数十件にのぼる電話で直接来場を訴えたケースもあったようです。そして、事前の会場準備や当日の運営、事後の会計処理。これらは、当然ながら一人でできる仕事ではなく、それなりの数のスタッフが必要です。結構大変なのです。しかし、こんな煩雑な作業で苦労しながらも、ガイアの自主上映は25年間途切れることなく続いてきました。自分もやってみて分かるのですが、これが実は大きな喜びでした。何故か。それは単純で、会場のみなさんと感動を共有できるからです。来場者の感想は様々ですが、会場の空気やその表情から彼らがとても良い時間を過ごしたことは容易に分かります。その時、しみじみとやって良かったという思いに満たされるのです。この感動は、ある種麻薬のような効果があり、苦労をしながらも次を計画してしまう自分がいるのです。

もう一つの自主上映の喜びは、この映画を通じての仲間の広がりです。利害関係が全くなく、純粋に未来に託す同じ思いを持つ同志。こういう人達との絆は財産です。詳細は控えますが日本全国にこの映画を支援するネットワークが沢山あり、そこには本当に色々な立場の人がいて、彼らとのご縁は自分の人生の可能性を広げてくれました。だから僕は、正直この映画に関われたことに対し感謝の気持ちで一杯です。今回この本を書こうと思ったのも、この感謝の気持ちからでした。僕はある時から、何かの形でこの映画に、またこの映画を生み出してくれた龍村仁監督に恩返しができないか、と頭の片隅で考えていました。映画作りには多額な予算が必要です。常に映画作りを考えている龍村監督にとって一番有り難い支援は、たぶん金銭的サポートでしょう。僕たちもできることならば、新作九番が観てみたい。そのためには金がかかる。しかし僕にそんな財力は無い。できる恩返しといったら大学を会場とした上映会を行うこと、学生たちに映画ガイアシンフォニーの存在を伝えること、それくらいです。しかしそれらの活動は、恩返しというよりも単に自分のやりたい事であり、所詮地域限定、対象限定、限られた範囲での貢献しかできません。何かもう少し役に立てる方法は無いだろうか、などと模索していました。一方これとは別に、僕はある時から映画ガイアシンフォニーで龍村仁を扱うことはできないかなあ、などと考えるようになりました。この映画は、そのスタイルだけをごく単純化して言えば、監督である龍村仁が出演者にインタビューしながら、出演者の仕事や考え、生き様を描いた作品です。美しい映像と心に染み入る音楽が彼らの言葉と相俟って、観る者をして心の琴線を揺さぶられるような作品です。登場人物は必ずしも著名人ばかりではありませんが、龍村仁の訴えたいことを体現した人たちです。最初の『地球交響曲〈第一番〉』ができてから既に四半世紀、時代の流れを映しながらも龍村仁が発するメッセージの本質は変わりません。もちろん、それを僕ごときが僅かな言葉で簡単に表現することは控えますが、その根底には人間に対する揺るぎない愛が溢れています。人間のもつ限りない可能性、科学の常識を超えた人の持つ力の存在を示しています。それは、これまで8作に上る映画の中で50人以上に上る出演者が龍村仁に代わって表現してきたのですが、そのメッセージの本質を一番正確に理解しているのは、というよりも本能的に分かっているのは外ならぬ龍村仁です。だとすれば、そろそろ龍村仁自身がガイアの出演者として直接メッセージを投げかける時ではないのか。年齢も70代の半ばを越え、監督にもそんなに多くの時間が残されている訳ではない。監督自身が主演を務める映画はいくらでもある。それを、映画ガイアシンフォニーでできないだろうか。そう考えて、とあるシンポジウムの席上で監督に問うてみました。

監督。龍村仁をガイアシンフォニーの出演者として、撮ってくれませんか。世の中に、映画監督自身が主演を務める映画は沢山あります。僕は、龍村仁自身の生の言葉をガイアシンフォニーの中で聴いてみたい。ガイアの魂を映すその姿を、映画の中で観てみたい。

監督は、僅かに微笑んで、何も言いませんでした。それが答えでした。そして、このシンポジウムの後の懇親会の席で、僕は、とあるガイアシンフォニーの古くからの支援者からダメを押されるようにこう言われました。「監督が自分でガイアに出演することは有り得ない」と。

映画と共に人間龍村仁自体を後世に伝えたい。そして、映画ガイアシンフォニーに恩返しがしたい。その2つの思いから、この本を書くことにしました。僕にとっては、無謀な冒険です。自分ごときに天才龍村仁を描くことができるのか？　この類稀な感性を、自分ごときの表現力で著わすことができるのか？　お前が余計な仕事をしなくても、龍村仁の多くの著作が龍村仁を正確に伝えている。そういう、心の声が聴こえて来るのです。この種の不安に駆られた時、僕はいつも自分にこう言って開き直ることにしています。

「別に悪いことをしている訳じゃない。これを神様が応援しない時は、上手く行かないだろう。

その時は止めればいい。お世話になった関係者には、誠意をもって詫びればいい。きっと許してくれるだろう。」

この数年、監督とご一緒して感じるのは、「監督、随分記憶力が落ちてきたなあ」というちょっと寂しい想いです。もしこの本を書くとすれば、監督ご自身にあれこれ聞かなければならない。もしかしたら、この仕事は急いだ方が良いのかも知れない。こんな想いで本書の執筆は始まりました。

第一章　道の彼方に――ビオン・ザ・ロード

「ビオン・ザ・ロード」。これは龍村仁の著書（龍村ゆかり氏との共著）『地球（ガイア）の祈り』（角川学芸出版）の前書きに出てくる言葉である。この言葉を龍村が記した時の想いはこうだ。少し長くなるが引用してみよう。

　その時、龍村はＮＨＫを解雇され、一人アメリカを旅していた。そこで知り合った元ベトナム戦争志願兵サム。サムは戦争のさなか地雷を踏んで、片目と片手の指と片脚を失っている。そのサムと共に満天の星空の下、ルート５をサンフランシスコへ時速２００㎞ものスピードで疾走していた時、龍村はこんな想いに囚われた。

「時速二〇〇キロというスピードは、明らかに、母なる星地球（ガイア）が三八億年の歳月をかけて生み出した人という種（しゅ）の生命（いのち）の設計図からはみ出してしまっている」

そしてその一方で、

「砂漠の一本道の時速二〇〇キロの疾走は、宇宙の運行のスケールから見れば、ただ一瞬の〝静止〟した時に過ぎない」

そんな不思議な思いだった。

　ドライブの末辿り着いた小さなモーテルの部屋で、龍村はその思いをサムに話した。サムが義足や義眼を外して龍村に言った。「そんな旅の感覚のことを、アメリカでは〝オン・ザ・ロード〟って言うんだよ」

「目的地がはっきりと見えているから旅に出るのではなく、まず旅に出てその旅の一瞬、一瞬をいかに旅するかによって、旅のほんとうの目的地が見えて来る」こんな感覚のことを〝オン・ザ・ロード〟という。「オンザロード」それは、龍村がＮＨＫ退職後新たに所属したプロダクションの名前だった。それから更に20年の歳月が流れ、龍村は「オンザロード」を離れた。ガイアシンフォニー第三番が完成した時だった。三番の最初の試写会が終わった夜、龍村仁はふと夜空を見上げた。そこには、二十数年前のサムとのドライブの夜と同じ微動だにしない満天の星々があった。その時龍村の脳裏に浮かんだ言葉が、〝ビオン・ザ・ロード〟。道の彼方に。つまりは、「オンザロード」の更にその先の話である。龍村仁のこれまでの人生は、常に目的地の見えない旅の途上〝オン・ザ・ロード〟に在りながら、その先に何が待ち受けているか分からないまま、その道を越えて未知の風景へと飛び込んで行く、その連続だった。正に〝ビオン・ザ・ロード〟に貫かれた生き様である。そんな龍村仁のこれまでの人生、生い立ちを辿ってみたい。

「月光」を弾く少年

１９４０年（昭和15年）龍村仁は、９人兄弟の長男として兵庫県宝塚市に生まれた。幼くして１人の妹が亡くなっているので、実質８人兄弟として育ち、上には２人の姉がいた。〝仁〟という名前は一般に〝じん〟と呼ばれているが、戸籍上の名前は〝ひとし〟である。父は「龍村美術織物」を営む龍村平蔵。祖父である初代龍村平蔵は「龍村美術織物」の創業者で、その作品は皇室にも謹織された高名な織物作家であった。初代平蔵の業績は秀逸で、独自の織物研究の成果を基に法隆寺や正倉院に残る錦の復元に成功し、一方１９００年（明治33年）のパリ万博では、その作品がグランプリを受賞している。女性を飾るきらびやかな帯を、衣服の域を超えて芸術品にまで高めた男と評され（「『錦』と宮尾登美子」産経新聞　２０１５年2月21日夕刊）、その作品の芸術性に関しては、かの芥川龍之介をして次のように言わしめている。

龍村さんの帯地の中には、それらの芸術品の特色を巧に捉へ得たが為に、織物本来の特色がより豊富な調和を得た、殆ど甚深微妙とも形容したい、恐るべき芸術的完成があつた。私は何よりもこの芸術的完成の為に、頭を下げざるを得なかつたのである。（中略）私が龍村さんを推称する理由は、この感服の外に何もない。

『芥川龍之介全集』第三巻（岩波書店）

初代龍村平蔵の織物を前にして、芥川龍之介は感服し頭を垂れた。宮尾登美子の書いた小説『錦』の主人公菱村吉蔵は、龍村平蔵をモデルにしている。そこにはこの稀代の天才織物作家の芸術家としてのすさまじい苦悩、そして妾を世話し、使用人の女性にも慕われながら家庭を持つ男の苦労や葛藤が描かれている。この小説の中で僕が注目したのは、中国のアスターナ古墳から探検隊が持ち帰った、ミイラの顔面を覆っていた錦の裂（きれ）を見た時の吉蔵（平蔵）の反応である。その裂（きれ）は、「怪奇、というにはなお神聖の雰囲気あり、美術、というには恐れ多いほどの迫力あって」という代物であった。宮尾は、これを見た吉蔵の様子を次のように記している。

体中けいれんしながらも目は吸いつけられて離せず、しかしながら吉蔵は指先がその裂を手に取って触れてみたいという衝動に耐えるのに苦しいほどであった。
吉蔵が受けたこのときの衝撃は、いってみれば百雷一度に落ちたような、いや木刀百本を束にして後頭部を殴られたような、何物にも形容し難いほど激甚なものであったといえようか。

『錦』279頁

これは後述するが、龍村仁が〝本物〟に出合った時に見せる反応と驚くほど似ている。片や小説の中の表現だから比べるのもナンセンスかも知れないが、宮尾登美子描くところの吉蔵（平蔵）の持つ狂気にも似た感性。龍村仁は祖父平蔵のこの遺伝子を良い意味で引き継いだのだ、と僕は思う。

龍村家のルーツを辿ると、元々は大阪の船場にあった廻船問屋だったのだが、祖父が先述の織物業を始めたのである。龍村仁は由緒ある家の長男であったため、それなりに厳しく育てられた。例えば正月などの特別な時には、長男の役目として夜明け前に起きて、井戸の水を汲んで来なければならなかった。また普段から、大きな家の数多い雨戸を毎日朝晩開け閉めするのは長男の役目で、この役割があるがゆえに朝寝坊は許されない。しかしその作業が終わると、祖父の初代龍村平蔵から当時は入手困難だった金平糖などの甘いお菓子を時々貰えたそうで、それは龍村にとって大きな楽しみだったという。厳しい教育方針とはいえ、祖父の平蔵もやはり孫は可愛いのである。当時の様子を振り返り、龍村は懐かしそうに次のように物語る。

本家の長男であった私は、元旦の早朝、誰よりも早く起きなければならない。朝一番の雑煮に使う初水を汲（く）みに行くのだ。いまだ明けやらぬ闇の中を、外回りの男衆（おとこし）さんに付き添われて、母屋から遠く離れた井戸に向かう。身を切るような寒さ・薄明の青さの中の星の輝き。飛び散る火打ち石の火花、凍りついたつるべにはりつく掌（てのひら）の感触、幼い腕で必死で桶（おけ）に水を移すときの、あの迸（ほとばし）る水の心躍るような痛さ……。子供のころの正月は本当に〝めんどうくさい〟ものであった。人はナゼ〝めんどうくさい〟ことを嫌うのだろうか、この〝めんどうくささ〟の中に、たとえようもないほどの甘い豊かさがあることを知りながら……。

『地球（ガイア）をつつむ風のように』２３７頁

龍村は戦争を体験している。彼が5歳の時に先の大戦は終わったので、龍村の戦争の記憶は淡いものかと思いそうだが、実は衝撃の体験が彼の心に染みついている。もちろん、5歳の少年が戦地に赴いたはずはない。しかし米軍の爆撃による恐怖体験は、彼の人格形成に少なからぬ影響を与えているのだ。

それは、初夏に近いある日の昼下がりのことだった。龍村は、家から遠く離れた武庫川の河原で一人遊んでいた。突然、あの背筋を凍らせるような空襲警報。龍村は夢中で家まで駆け戻った。もどかしいような時間がかかった。ようやくたどり着いた家には、しかし誰もいない。家族は皆、既に防空壕へ避難していたのである。当時の龍村家は大家族で、親族や使用人も含め20人近くが同居する家だった。その大きな屋敷の中に人の気配が全くない。普段は物音が絶えない屋敷の中が、異様な静寂に包まれている。まったく音のない世界。その時の心象を、龍村は以下のように綴っている。

> わけのわからない恐怖が身体の中を走った。初めての廃墟(はいきょ)感覚とでも呼べばよいのだろうか。ふだんは人間の動き、言葉、物音など、生命(いのち)の気配によってかき消されている世界の本質、すなわち、この世の本当の姿は「空(くう)」であるということを一気にかい間見てしまっ

> た恐怖なのだろうか。／もちろん五歳の子供にそんなことが意識的にわかったわけではない。ただ、誰もいない部屋、廊下、階段などの風景が、まるで生まれて初めて見るもののように、恐怖の感情とともに脳裏に焼きついてしまったのだ。私が、廃墟や遺跡、誰もいない夜明け前の大都会、無人の電車などにこの上なく魅(ひ)きつけられるのは、この時に初めて味わった廃墟感覚が原点になっているのかもしれない。
>
> 『地球(ガイア)をつつむ風のように』116頁

龍村は、誰もいない家の中で、わけのわからない恐怖に立ち尽くしていた。5歳の少年に「空」の意味は分からないだろうが、その本能は、一瞬にしてある種の虚無体験をした。自身も書いているが、それが後の龍村の思考回路に大きな影響を与えたことは想像に難くない。龍村は思った。早く自分も防空壕へ逃げなければ、と。そして、防空壕へと走った。その時味わった極限に近い恐怖体験を、以下のように述べている。

> 走っている間にも爆音がどんどん大きくなる。爆撃機の姿が見えない分、恐怖がつのる。太古の時代、大型肉食恐竜に追われた我々の祖先、小型哺乳(ほにゅう)動物の心境はたぶんこんな

ふうだったのだろう。

恐竜に襲われる恐怖とは、一体どれほどのものか。それに匹敵する恐怖を5歳の少年が体験した。

ようやく崖の上にたどり着いた。そこは、身を隠すものが一切ない場所だった。その時、真正面に見える山の上方から、一機の戦闘機がまっすぐに私のほうに向かって急降下してくるのが見えた。山と青空を背景に、真正面から私に向かって急降下してくる戦闘機の映像は、五十五年を経た今この一瞬にでも、まるで目前の現実のように蘇らせることができる。その時の戦闘機パイロットの肉眼には、はっきりとこの私の姿が見えていたと思う。それが戦闘機の動きの中に、明確な意志となって現れていた。幼いがゆえに敏感だった私の本能は、そのことを正確にとらえていた。

『地球（ガイア）をつつむ風のように』118頁

恐怖が頂点に達した時、龍村は崖から飛び降り九死に一生を得た。「ふだんなら、絶対にできなかったことだ」と述べている。そしてこの時の体験を、次のように括っている。

この、五歳の時の記憶が後の五十五年間の私の人格形成にどんな影響を与えてきたのかを、正確に語ることは不可能だ。ただ、この記憶は映像として、音として、匂いとして、そしてなにより言葉にならない魂のおののきとして、今も私の身体のどこかにしみついている。（中略）五歳のころの体験は、意識ではなく、まず〝生理〟として記憶される。だからこそ、後の人格形成に無意識のレベルで強い影響を与えるのだと思う。

『地球（ガイア）をつつむ風のように』１１９頁

この世の真相、「空」を垣間見た虚無体験、そして、死の恐怖に臨んだ極限体験。それらは、言葉にならない魂のおののきとして、現在も龍村の身体にしみこんでいる。意識ではなく、生理として記憶されている。この少年時の原体験とも言うべき恐怖に比べれば、その後の人生における幾多の困難は、龍村にとって比較的小さなことなのかも知れない。いずれにせよ一つ言えることは、この時龍村が戦闘機にやられていれば、映画ガイアシンフォニーはこの世に存在しなかった。

少年時代、龍村の実質的な教育権を握っていたのは両親ではなく厳格な祖母だった。こちらは祖父と違い、めっぽう厳しかった。龍村が祖母の教育方針に従わない時、すなわち進駐軍のアメリカ兵に「ギブ・ミー・チョコレート」などと甘いものをねだったことが発覚すれば、それはきつい折檻の対象になり、屋敷の奥にある大きな土蔵に何時間も閉じ込められた。もちろん龍村はといえば、そんな事は意に介さずたびたび祖母の目を盗み自身の欲求に従った。そして当然ながら時々はそれが発覚し、土蔵での反省の時間を余儀なくされたのである。ところが実は、その土蔵での反省の時間は龍村にとって心躍る大冒険の時だった。土蔵の中は少年の目には堪らない宝の山で、普段は目にできない少年倶楽部などの漫画雑誌などを見つけてはワクワクする時間を過ごしたのである。このように書くと龍村は厳しいながらも金銭的には恵まれた裕福な家庭に育ったようにも思えるが、実態はそうでもなかった。父親の二代目平蔵は名人気質で、経済的な事など考えずに作品を創るタイプであり、そのため何度か倒産を繰り返し、特に龍村の少年期の後半、家はかなり厳しい経済状況の中にあったらしい。

小学校の頃の龍村のいくつかのエピソードはとても面白い。龍村仁は、幼いころから既に龍村仁であった、ということが良く解る。まず彼は、本来小学校に入学できる年齢の1年前に小学生になっている。何故か。彼の遊び仲間だった従兄達が、4月から小学校に入学するというので自分もどうしても小学生になりたかった、らしい。そこで龍村は、周囲に「自分もどうしても4月から小学校に行く！」と、駄々をこねた。今であれば、そんなことが許されるはずもない。しかし当時は戦後間もない動乱期で、社会全体がその辺りの管理はかなりルーズであったようだ。更に私立の学校であったため、特例の扱いは経営者の判断に委ねられた部分もあったであろう。そして何よりも驚くのは、両親や厳しいはずの祖母がよくそれを許した。小学生時代の1歳違いは成熟の面からは大きな差であり、1歳幼いということは、かなりのハンディになる。龍村は、長男であるがゆえに厳しく育てられた側面もあるが、ご両親は独特の教育方針をもっておられたようである。このような幾つかの幸運が重なって、龍村仁は5歳になったばかりの4月に晴れて小学生になっている。そして、この同級生よりも1歳若くしてクラスに在籍するという状態は、あろうことか、高校卒業時までそのまま継続された。大学受験で一浪したため、大学入学時にようやくこの1年の差が解消されたのである。

話を小学時代に戻そう。龍村が通った小学校は、一風変わった教育方針を備えた学校であった。宝塚市の山奥にあったその小学校には、なんと、学校に靴を履いてきてはいけないというルールがあった。もちろん、校内でも一切履物は履けない。龍村は、四季を通じ毎日裸足でこの小学校に至る山道を通ったのだった。後年龍村は、この時の裸足の経験を次のように振り返っている。

裸足で岩や土や草の上を歩くことが、足裏に変化に富んだ刺激を与え、その刺激が全身の感覚を鋭敏にし、内臓の働きを活性化し、頭脳の発達にも大きな影響がある、などということも当時の私には知る由もないことでした。

『エッセイ：心の「器」』(http://gaiasymphony.com/jintatsumura/essay01-21#03)

龍村は自分でも豪語しているが、若い頃、他を寄せ付けない抜群の身体能力を持っていたという。人間の神経系の発達には、幼少期の経験が大きく影響する。この学童期の裸足の生活、つまりは足裏に全神経を集中させ何か異物を感じた時には瞬時に体重移動して力を抜く、そんな生活が彼の身体能力、俗に言う運動神経に影響を及ぼしたことは想像に難くない。

この学校では、夏休みになると全員が2週間の寄宿生活をするのが習わしだった。低学年の子ども達は、親元が恋しくて夜な夜な泣いたそうだ。龍村はと言えば、そんな子供たちを自身も幼いながら励ましたと言う。この寄宿生活、小学生には相当辛いものだったようだ。

宿舎は学校の校舎。寝るのは教室の床の上。布団など敷かないので、寝ていても節々が痛む。起床は日の出前で、山からの湧水で洗面した後、毎日裸足で岩だらけの山道を山頂の遥拝台まで登る。やがて朝日が昇り始めると、子供たちは全員整列して太陽を拝む。後年龍村は、「黄金に輝きながら雲間から登ってくる太陽の姿は、いまでも目を閉じると、いま現在それを見ているようにクッキリと思い出すことができる」と述べている。宿舎に戻り清掃を済ますと、山の中腹にある食堂で朝食を迎える。食事は質素なもので、一汁一菜、主食は玄米。しかも食事の前に、子供たちは食堂の板の間に正座して3分間の黙想をしなければならない。戦後の食料が無い時期で、ただでさえ飢えていた彼らには、この3分間待つことが本当に辛かったという。その上教師は、玄米を口に入れたら100回噛むまで飲み込んではいけない、と彼らに命じた。顎は痛くなるし、空腹は満たされないし、子供にとってはこの食事も修行だった。しかし不思議なことに、100回噛むうちに、最初は固くてくせのある味だった玄米が、次第に甘く変化してゆくのを龍村は感じていたのである。食糧難の時代、玄米一粒一粒に宿る全ての栄養が、少しでも無駄なく吸収されることを願った教師たちの配慮であった。この小学校の教育を振り返り、それは子供たちの〝器〟作りの場だったと龍村は言う。

からだは心の「器」です。入ってくるものの大きさや形に合わせて自在に変化できる柔らかい「器」。その内側には、どんな些細なことも敏感に感じとることのできるセンサーが無数に開発されている。そんな「器」作りこそ児童教育だと思うのですが。

この小学校での体験は、当時の私には大変辛いものでした。

しかし、いまふり返ってみると、このときの体験が「器」としての私をつくってくれたのだとつくづく思います。

『エッセイ：心の「器」』

この小学校は、龍村が5年生の時に、戦後導入された民主主義教育の波に飲み込まれ廃校になった。今考えれば、理想的な全人教育の一端がそこにあった。

もう一つ、小学校時代のことを聞くと龍村が必ず話してくれる逸話がある。川遊びの思い出、いや〝川遊び〟というよりもむしろ川での冒険談である。当時の龍村の夏の遊び場の一つは、宝塚市を流れる武庫川だった。この川の途中に大きな一枚岩が突き出ている場所がある。その岩の下には、深くて大きな渦が巻いていた。毎年、何人かの水死者が出る危険な場所だった。渦の存在を知らない人が呑み込まれると、大抵パニックに陥り、もがいた結果、浮上できず溺死するのである。しかし危険があるからこそ、そこは、わんぱく小僧にとって自分の勇気を誇示するには格好の場所だった。ある年の台風一過のその日、川は増水し、濁流が渦巻いて流れていた。大人でも怖気づく状態である。あろうことか龍村は、その川に飛び込んで中流まで行き、くだんの一枚岩に手をかけてよじ登り、更に対岸まで泳ごうと試みたのである。一体どういう精神構造をしているのか。面白さの方が圧倒的で恐怖心など微塵も無かったと言うから、呆れるばかりである。このころから既に龍村は、一般人の常識とは少し違う世界で生きていたのかも知れない。いずれにせよ、龍村は飛び込んだ。ところが、増水した濁流である。そのもくろみは見事に外れ、岩につかまるはずだった手は滑り、龍村少年は深い渦の中に引き込まれてしまった。元々、無謀極まりない作戦なのだ。この危機的な状況の時のことを、龍村は以下のように回想する。

その時、僕の頭の中に浮かんだことは、「渦に巻かれたら、決して逆らってはいけない」という言葉でした。渦の中でそこから逃れようともがけばもがくほど、逆に引き込まれる力がはたらいて逃れられなくなって命を落とすのだということは、水死者が引き揚げられるたびに聞かされていました。

その教えが無意識の中に頭に入っていて、僕はその時、自然と体を水の流れに預けていたのです。気がついたときは下流の大橋の橋げたに必死で捕まっていました。

『この人の話』(http://www5c.biglobe.ne.jp/~izanami/iihanasitatumura.html)

大人たちでさえパニックに陥り、結果命を落とす場面で、龍村は冷静に自己の置かれた状況を見つめている。僕はカヌーをするのでこの状況が良く分かる。川の荒瀬でカヤックが沈没し、もがいた経験が度々ある。下手にもがくと逆に危ないというのは理屈では分かっていても、大抵はパニックになってもがくのである。そんな状況の中、この少年龍村の冷静沈着な行動は驚愕に値する。抗いきれない大きな力に見舞われた時、諦念と共にその状況に身を任せ、しかし希望を失うことなくその先の展開を待つ力……とでも言おうか。そんな能力が、既に少年龍村仁には備わっていたようである。生死を分ける鍵は、〝身を任せる〟ことができるかどうか、という点なのだ。映画ガイアシンフォニーは、その制作過程で何度も不測の事態に見舞われ、危機的状況を迎えることが度々あった。しかし、その都度天の采配とも思えるような展開で危機を乗り越えてきた。その背景には、龍村が持つこの諦念と楽観性を併せ持つ精神性があったと僕は考える。因みに、この〝諦念〟という仏教用語は単なる〝諦め〟とは違い、真理を悟り迷いが消え去ったような状態、を意味する。龍村自身この時を振り返り、同じようなことを書いている。

人は誰でも窮地に追い詰められた時、そこから逃れようとします。でも本当は宇宙や大地、自然の流れに抵抗することは不可能です。

そんな時は、何か大きなものに、自分をあけわたすことが大切なんじゃないでしょうか。恐い助かりたいと思って力をいれて、水に逆らえば逆らうほど、渦に巻かれて命を落とす。子どもの頃のこの原体験が登山家メスナーの山頂での体験や、宇宙飛行士シュワイカートが、宇宙の中で独りぼっちになった時の体験に、なぜかつながっているような気がするのです。

『この人の話』

こんな大人顔負けの大胆なことをやった反面、子供らしくて笑えるのは、予定と違って遥か下流域まで流されたため、龍村少年は裸足のうえフリチンで人通りの多い町中を歩く羽目になったことである。濡れた体をすぼめて真っ裸のまま、そそくさと道を急ぐ少年を想像すると思わず笑えてしまう。小学生とは言え、同級生の女子にでも見られたら大問題なのである。こんな無謀な計画を親に知られてはならないと、海水パンツを家から持ち出せず、その結果素っ裸で川に飛び込んだ。計画の上陸地点に人家はなく、人もほとんどいない予定であった。

既に書いたが、龍村は同級生より1歳年少のまま中学、高校へと進学した。ガイアシンフォニーでは、映像とともに音楽がとても重要な要素を占めるが、龍村仁の音楽に対する並ならぬ興味はこの頃から既に見て取れる。後にプロのピアニストになった姉、和子の影響が大きかったのだろう。姉が弾くピアノの音色に魅せられた龍村は、どうしても同じ曲を弾きたいと思った。それはベートーベンの『月光』だった。しかし、当時は風潮として男の子がピアノを弾くことなど考えられない時代であり、当然ながら、龍村の教育権を握っていた祖母も頑としてそれを許さなかった。そこで彼はどうしたかというと、姉の楽譜をコッソリと持ち出しピアノがある近隣の友達の家を訪ね練習したのである。そこまでしてでも、どうしても弾きたかったのだ。そしてある時、龍村はメロディーさえ聴けば、ほぼその曲をピアノで弾けるようになったという。音楽に関するセンスも並ではなかったのだ。ピアノ演奏に関する高校時代のエピソードがある。龍村が通ったのは京都の名門山城高校であるが、音楽の試験で龍村が弾く番になると、その演奏を聴くために女子生徒達が音楽室に集まって来たというのだ。更に音楽との関連でいえば、龍村は高校時代の文化祭でミュージカルを企画し、その演出をしている。シナリオ、音楽、演技、セリフなど全てを考え、龍村が指揮しクラス全員で創ったミュージカルであった。高校時代、既に映画監督の片鱗を見せていた。そういえばガイアシンフォニー第三番の中で、ビル・フラーが「ユアー・マイ・サンシャイン」を歌うシーンがある。その歌の最後でハモる場面、ビルが歌う主旋律に合わせてきれいにハモっていた声の持ち主が実は龍村仁監督だったということを、最近になって僕は知った。龍村の高校時代の友人達は、龍村は音楽大学に行き、その道の勉強をするのだと誰もが信じて疑わなかったという。昔も今も、スポーツや音楽ができる男はモテる。龍村はその両方ができたのだから、女生徒の間で人気があったことは想像に難くない。

龍村にピアノの練習を許さなかった祖母であるが、その一方で子供の頃から彼に能の稽古をさせていたという。梅若流の能の仕舞である。仕舞というのは能の一部を面や装束をつけず素で舞うことであるが、龍村は能舞台に立って仕舞を演じたこともある。名門龍村家独特の英才教育だった。龍村は言う。能の動きというのは、人間の普通の動きを何十倍も遅く演じなければならないが、より俊敏に動こうとするスポーツの動作と対極にあるこの動作、それが自分の運動能力形成の一端を担ったのではないか、と。しかしこの能のお稽古、龍村少年はそれに飽きると、稽古を抜け出してよく映画を観た。能の稽古場と映画館が隣り続きで、なんと自由に行き来ができたらしい。映画のただ観。何とも腕白少年らしいエピソードであるが、この龍村家の英才教育は後に映画監督としての才能に生かされたのかもしれない。

スポーツといえば高校入学当初、龍村はラグビー部に入部するつもりでいた。龍村の叔父は、京都大学でラグビーをやっていた。その影響で、子供の頃からラグビーで遊んでいたのだ。ところが龍村が入学したその年、あろうことかラグビー部の上級生が不祥事を起こし部活動が停止になってしまった。あれほどやりたかったラグビーができない。失意の龍村であったが、振り返ってみれば運が良かったのか悪かったのか。そのお陰で、先にも記したように音楽に熱中する時間が取れたのである。

高校を卒業した龍村は、一浪して京都大学文学部哲学科美学美術史学専修に入学した。多くの同級生が予想していた音楽の道ではなかった。実家が営む「龍村美術織物」。〝美〟への素養はこの環境が培ったものか。美術、美学への興味は、やはり先々代からの血筋なのかも知れない。ガイアシンフォニーが僕らを魅了する幾多の美しいシーン。もちろん単純に綺麗で心地よい美しさのみが〝美〟ではあり得ないが、この映画がもたらす感動的な〝美〟の背景には龍村仁の持つ美へのセンスが存在することは間違いない。

高校卒業直後、現役でも京都大学を受験しているのであるが、１００％落ちる自信があったと龍村は豪語する。なにせ他の生徒が懸命に受験に備えるのを尻目に、彼はまったく受験勉強をしなかった。それでも、一浪したとはいえ目指す京大に合格するのだから、その集中力そして学習能力の高さは、やはり並ではない。

大学時代の龍村はといえば、ラグビーに明け暮れる日々だった。高校時代封印していたラグビーへの情熱、スポーツへの欲求が一気に爆発したのだ。そして高校時代同様、なんとか卒業に必要な単位は揃えたものの、単位修得のための勉学にはあまり興味がなかった。しかし大学時代の学びとは、何も教室だけで行うものではないだろう。教授の講義を通じての勉強は、大学における学びの一部でしかあり得ない。これは単なる推測にすぎないが、龍村は教室の勉強とは別に、多くの書籍を読み、考察し、思索に耽ったに違いない。でなければ、あのような文章は書けない。龍村の書く文章の素晴らしさ、あの感性、質感、表現力、そして豊富な知識。そこには論理的思考と共に、ある種の〝美しさ〟が共存する。生まれ持った天性の資質もあるのだろうが、ラグビーだけの青春で培われるものではない。

当時の京大ラグビー部は、今とは違い強かった。関東の雄、早稲田大学にも一度勝っている。その試合で龍村は大活躍した。体は小さいがスピードと巧みなステップで相手を抜き去り、体格に勝る早稲田のフォワード陣を翻弄したのである。その試合の様子は当時の新聞でも報じられ、そこには「バックスの龍村に翻弄された」という早稲田側の談話が載っている。このようにラグビーに明け暮れる大学時代であったから、やはり卒業には苦労したようだ。大学を卒業するには、卒業論文を提出しなければならない。通常大学4年次生は、1年間かけてじっくり卒論に取り組む。それは大学での勉学の集大成となる。これを龍村は僅か2週間で仕上げた。何をテーマに書いたかというと、「中国、殷(いん)の時代の大きな青銅器」を見た時の、予期せぬ自己の心の動きを書いた。その青銅器は、京都の住友博古館にあった。大学の授業で住友博古館を訪れそれを見た瞬間、龍村は雷に打たれたような衝撃を受け、「思わず涙がこぼれ、全身に鳥肌が立った」のだという。僕ら普通の人間も美しいものに接して感動はするが、雷に打たれたり、鳥肌が立ったりすることはあまりない。この感性。いつも思うが、〝本物〟に接した時の、龍村の反応は尋常ではない。例えば、ラジオから流れるエンヤの音楽を偶然聞いた時の思いを次のように書いている。

ただ、ラジオから流れて来るエンヤの歌声を聴いた瞬間、今まで体験した事もない不思議な懐かしさが体中からこみ上げてきたのだ。それは、私個人の人生をはるかに超えて私の遺伝子の中に封じ込められ眠っていた記憶が、エンヤの歌声に誘われて突然目を覚ましたとでも言えそうな、そんな懐かしさだった。

『ガイア・シンフォニー間奏曲』33頁

それは恐らく龍村自身も制御できるものではなく、身体が、あるいは内にある魂が、勝手に反応してしまうのだろう。この敏感で、繊細で、しかも本物と奥深いところで共振する感性。この龍村のセンスこそが、映画ガイアシンフォニーを生み出す源だと僕は確信する。そしてこの感性は、先にも記したように祖父龍村平蔵から受け継いだ血なのだろう。何物にも代えがたい龍村の財産である。それにしても、自分の感性を信じ、感銘のエピソードだけで卒論を書いてしまおうという発想そのものが、既に普通ではない。提出された卒論は、この稀代の青銅器の美学的な考察や歴史的価値などには一切言及せず、ただただ自身の受けた衝撃、感動、感銘、魂の震えとも言うべき自身の心の内側を書いた。そして、「こんなものは、論文ではない」というのが教授陣の評価であった。当然である。龍村もそれを解って書いている。卒業論文が不可になり、落第することを龍村は覚悟していた。しかし、しかし、結果は違った。何とこの文章は、「優」の最高評価を受け、卒論として認められたのである。龍村の文章は、それほどまでに素晴らしかったのか。そして、教授陣をそこまで感銘させたのか。それにしても、「論文ではない」と評しながら、形には捕らわれず文章の中身を評価した京都大学教授陣の判断の何と素晴らしいことか。ノーベル賞を取る学者は、東大よりも京大の方が多く輩出している。京都大学に一貫して流れる常識に捕らわれない発想。それがノーベル賞を生み、そして龍村仁の文章を評価した。このエピソードを聞いた時、僕はどうしてもこの龍村の卒論を読んでみたいと思った。しかし、当時はコピー機など無い時代。龍村の手元にこの論文は残っていない。京都大学にも問い合わせてみた。しかし大学に保管されているのは修士論文、博士論文だけで、卒業論文は残されていない、という回答であった。今となっては、探すすべもない。返す返すも残念である。

京都大学を無事4年間で卒業した龍村はＮＨＫに入社した。当時、映像メディア関連の募集はＮＨＫだけだったこともあり、受けたのはＮＨＫ1社のみ。龍村は仕事として映像を撮りたかったのだ。入社当初、ラグビーの経験を買われスポーツ部に配属された。折しも、世紀の一大スポーツイベント東京オリンピックの年であった。ＮＨＫは、初めての試みであるヘリコプターをサテライトにした多元中継などを駆使し、総力を挙げてこの中継に取り組んだ。ところがこのオリンピック中継で、龍村はとんでもない役割を負わされる。いよいよ本番というその時、古手のディレクター達はそれぞれ得意とするスポーツ種目の現場に出払ってしまい、全ての映像が集中する調整室には龍村と先輩の女性ディレクターだけが残された。テレビモニターが30台以上も並ぶ、コントロールタワーである。そして、あろうことか、その女性ディレクターが緊張でパニックに陥ったのである。その時の様子を龍村は以下のように振り返る。

あっちでは水泳の決勝、こっちでは棒高跳びの新記録が出そうだとか、あちこちの競技場で重要な場面が秒刻みで発生してくる。困ったことに、この女性の先輩というのが1回リハーサルしただけでメロメロになっちゃって、とてもじゃないけど放送の指揮をとれる状態じゃなかった。それで、まだ入って間もない僕が「オマエやれ」と言われて……。やることなすこと初めてのことばかりでしょ。その時の緊張といったらなかったですよ。まあ、それがディレクターとしての記念すべき初仕事となったわけですけど……。

『ガイア・シンフォニー間奏曲』108頁

全体の流れを俯瞰したうえで、研ぎ澄まされた集中力と瞬発的な判断が求められる生中継の報道現場は、ラグビーフィールドに近いものがある。もちろん龍村のもつ生来の資質もあろうが、4年間ラグビーフィールドで培われた判断力がここで生きたのは間違いない。しかし流石(さすが)の龍村も、あの時だけは胃が痛くなり、トイレでそっと精神安定剤のトランキライザーを飲んだ、そうだ。

そんな経験を経た後ドキュメンタリーを撮り始めた龍村は、4年目から教養班に異動になり、そこで『キャロル』というドキュメンタリーを作製した。当時まだ無名だった矢沢永吉率いるロックバンド、キャロルを描いたドキュメンタリー映像であった。ところが、この映像番組の取り扱いを巡ってＮＨＫと龍村仁は大きく対立する。龍村仁という入社僅か数年の一社員が、巨大なＮＨＫを相手に真っ向から大喧嘩をしたのである。この辺りは人間龍村仁の真骨頂をみる思いだ。月並みな言い方だが、自分の信念の下、体制に迎合しないのである。意固地なほど自分の考えを貫き通す。だが当時、既に妻子を持っていたことを考えれば、言葉ほど簡単にできることではない。若さとはいえ自身の体をボロボロにしながら、よくそんなエネルギーが出てくるものだと感心する。この対立の末、龍村はＮＨＫを懲戒解雇されている。その一連の騒動の詳細は龍村が書いた『キャロル闘争宣言　ロックンロール・テレビジョン論』（田畑書店）に纏められているが、この対立を巡っての龍村の行動こそ、人間龍村仁を如実に語るものである。従ってここでは、一連のＮＨＫとの対立を巡って浮かび上がる人間龍村仁を紹介したい。

キャロル闘争宣言

龍村は、キャロルと出会ってしまった。1972年2月28日、渋谷公会堂だった。その時の印象を次のように書いている。

真黒な皮の上下を着た四人の男が、突然、舞台に踊り出て激しい勢いで、ジョニー・Ｂ・グッドを演奏しはじめた時、私は全身の皮膚が、一瞬にして鳥肌だってくるのを覚えた。胸がドキドキして、じっと坐っていられなくなり、座席から立ち上がってウロウロしてしまった。

その内、なぜか、身体中に激しい怒りのような感情がわき上って来て、そこいらにある物を手当りしだいにブチ壊したいという衝動にかられた。恥ずかしいことだけれど、涙が出た。

『キャロル闘争宣言』１４２頁

激しく涙が出るほどの怒り。それは、龍村が自分自身へ向けた怒りだった。龍村は書いている。

それは多分、私の私自身に対する怒りだったのではないだろうか。（中略）表面的にはごく平穏に生き続けなければならないこの私の管理され切った日常に対する怒りだったのではないだろうか。

『キャロル闘争宣言』15頁

伝説のロックバンド、キャロル。そしてビッグスター、矢沢永吉。今でこそ、日本のロックシーンに多大なインパクトをもたらしたバンドと評されるが、しかし当時は誰も知らない不良じみた少年達のグループでしかなかった。しかし龍村は、その独特の審美眼でキャロルを見つけてしまったのである。先にも記したが、本物に出会った時の、龍村の、この自分ですら制御できない爆発的な感情。僕が思うに、これそこが龍村の行動の原動力になっている。しかし仮に龍村が『キャロル』を作らなかったとしても、いずれ龍村とＮＨＫは対立したはずだ。後に記すが、両者のドキュメンタリーの捉え方は、全く違うのである。というよりも龍村仁という人間は、そもそも管理を伴う組織には馴染まない人間である。自身が書いているように、管理された日常に怒りを覚えるのだから。そうであれば自分でルールを作り、その下でやっていくしかない。彼がＮＨＫを離れたのは必然だったと思う。それがＮＨＫでなかったにせよ、会社勤めをしていたなら同じことが起こっただろう。映像を撮り続けるためには、龍村が独立するのは必然だった。

では、この『キャロル』を巡る闘争の経緯を辿ってみよう。

龍村仁は、ＮＨＫディレクターとしてドキュメンタリー映像『キャロル』を作った。しかしＮＨＫは、この映像をドキュメンタリーとして認めなかった。ＮＨＫの理屈はこうだ。

①ドキュメンタリーでは社会性をもった現象を取り上げなければならない。しかしキャロルに関することが、一般的な社会性を持つとは考えられない。

②視聴者には多くの世代が含まれるが、キャロルはあらゆる世代が関心をもつテーマとはなり得ない。

③ドキュメンタリーは、関心の高い社会現象をリアルに描く必要がある。しかし、龍村の作った映像はリアリティに欠け、〝つくられたもの〟という印象をぬぐえない。

という主に3つの理由である。このNHKの主張に対する龍村の想いはこうだ。

キャロルは肉体の中に抱えている戦後日本を、ロックンロールを歌うという形で肉体の外に表出した。ロックンロールという、自然の命の源に直結したほとんど生理的で肉体的な世界でそれを噴出させた。

私が出会ってしまったキャロルとは、そういう存在なのだ。

『キャロル闘争宣言』44頁

六九年、七〇年の激動期を経た、この七三年の沈うつな社会状況の中に戦後民主主義文化の必然的な帰結として、すい星のごとく登場したキャロル。このキャロルの持つ質感にできるだけ多くの人達が、唐突に出会ってしまう事、それが、今まさにドキュメンタリーだと私は考えた。

『キャロル闘争宣言』15頁

従来のNHKのドキュメンタリーの手法を取るなら、社会背景の中でのキャロルの意味や経歴を客観的に説明しながら彼らの姿を紹介することになる。しかし龍村は、その手法ではキャロルの真の姿が伝わらないと考えた。つまり龍村は、キャロルが突然視聴者の目の前に現れて、唐突に出会ってしまうことをもって、初めてキャロルの真の姿、質感を伝えることができると考えたのである。またこれと関連してNHKは、この作品が従来のドキュメンタリーとまったく異質であるため、視聴者が拒否反応を起こすことを心配していた。しかし、この発想に対して龍村は以下のように反論する。

人間が今までの自分の歴史の中で持ってきた価値感を根底からゆさぶられる様な現象に出会ってしまう時、ある程度、拒否反応を示すのはしごく当然のことであろう。しかし、その現象を、在来の価値感の中で整理するのではなく、正にその現象に生身の人間として対応してゆこうとする事に依って自分自身の価値感を変革してゆくこと、それが人間なのではないか。

『キャロル闘争宣言』20頁

この龍村の想いの背景には、自身がキャロルと出会ってしまった時の体験、すなわち自分の中に起こってしまった価値観の変容があるのだろう。そして龍村は言う。

簡単にいえば、狂わせられるのだ。年がいもなく、インテリらしくもなく、職業とか、社会的な地位とか関係なく、錯乱するのだ。

『キャロル闘争宣言』26頁

この錯乱や価値観の変容をもたらすためには、余計な説明無しにキャロルと唐突に出会うことが必要だと龍村は考えたのである。そして自らのドキュメンタリーの手法に関して、以下のように述べている。

私がつくったドキュメンタリー「キャロル」は確かにＮＨＫの「ドキュメンタリー」の

方法だといわれている「客観的」で「リアル」な方法をとっていない。しかし、「キャロル」はいわゆる「客観的」な方法をとっていないが故に逆に今リアルなドキュメンタリーなのだ。

いいかえれば、いわゆる「客観的」な方法では、キャロルの持つあの生々しい、ロックンローラーとしての迫力は描けない。キャロルを、既に体制に依って認知されてしまっている言語体系の中で分析し、整理してみせるという方法で描いてみても、彼等のあの生々しさは描けない。なぜならば、キャロルはその様な言語体系が構築する世界に現われたのではなく、自然の命の源から肉体を媒介にして、ほとんど直接的に拡がる世界に突然現われた存在だからである。

『キャロル闘争宣言』43頁

このようにドキュメンタリーに対する見解が真っ向から対立する中、NHKは編集権の名の下に『キャロル』を龍村のもとから奪い去り、完成してから3か月後の10月28日、野球のスタンバイ番組として、なるべく人々にみられない様な形で一方的に放送した。一方龍村は、この3か月の間に、NHK内で『キャロル』の試写会を繰り返しNHK内外にこのドキュメンタリーの正当性を訴え続けていた。そして、この対立がＮＨＫ内外で大きく認識されてくると、ＮＨＫは、この映像を歌番組のワクで放送することを龍村側に提案した。問題が内外に拡大することを憂慮したＮＨＫによる妥協案である。しかし龍村は、この映像が歌番組のワクで放送されることを頑として受け入れなかった。その理由を龍村は以下のように説明する。つまり、「歌番組に出るキャロルは、ロックンロールという音楽を歌う歌手として、予定調和の世界で認識される。」（『キャロル闘争宣言』25頁）しかし「キャロルのロックンロールの生の出会いは予定調和の世界に緊密に、そして堅固にはりめぐらされている様々なモノ事の境目を破壊する可能性を持っている。」（『キャロル闘争宣言』26頁）つまり龍村は、このキャロルの持つ破壊性、価値観に変容をもたらすある種の暴力性こそドキュメンタリーとして伝えるべきだと考えたのだ。さらに龍村は、視聴者に対して一方的に放送を流し続けるテレビというメディアが内包する問題を認識していた。この視点も、『キャロル』をどうしてもドキュメンタリーで放送しなければならない理由であった。龍村の想いはこうである。

常に少数者から多数者へ一方通行的に番組を放送してゆくテレビジョンにあっては、各番組はそのワクの中に、その番組パターンに対する批判を内包してゆかなければならず、これはテレビの送り手側の最低限の責任である。（中略）「キャロル」は、そのテーマ性からいっても、方法論からいっても、「ドキュメンタリー」の番組のパターンに対する批判を含んだ、ドキュメンタリーであるが故に、どうしても「ドキュメンタリー」のワクの中で放映されなければならなかったのです。（『キャロル闘争宣言』11頁）

さらに、こう述べる。

テレビジョンにおいて、もし各番組のワクの中にその番組パターンに対する批判を内包する可能性が全くないとすれば、真の主権者であるはずの視聴者は、NHK経営が一方的に決定している価値観とは異質の価値観に決して出会える事がない、という事になるのです。

『キャロル闘争宣言』12頁

そして前述したようにこの対立が収まらない中、NHKは龍村の了解なしに、『キャロル』

をドキュメンタリー以外のワクで放送したのである。

この対立が表面化してからの数か月間、ＮＨＫは龍村にディレクターとしての仕事を一切命じなかった。これは、番組制作者に対する明らかな処分だった。（『キャロル闘争宣言』13頁）つまりは、外部の雑誌にＮＨＫ批判の記事を書きそれと関連する試写運動をする龍村には重要な仕事をさせない、というＮＨＫの方針だった。

この一連の対立の中、局内で龍村を支援する人間もいた。中でも小野耕世は、龍村の考えに深く共感し最後まで龍村と共に戦い続けた。結果、小野も最終的に懲戒免職処分を受けている。この頃の龍村の様子について、小野耕世は次のように書いている。

昭和四八年十一月から二月までの四ヵ月間というものは、これまでのテレビの本質を暴き出し、これと対決するという論理を体内に抱え込んでしまった龍村仁にとっては最も苦しい時であった。出勤して与えられる仕事は、「福祉の時代」という番組のＳ・Ｄ・という出演者案内係で、要するに弁当運びが主な仕事であった。それを、いやな仕事であるというふうには龍村は受け止めなかった。それはそれで毎日弁当が食えて楽しかったともいっていた。しかし、心では自分が起動させてしまった運動が停滞していることについて誤魔化せても、肉体の方はいうことをきかなかった。
NHKの放送センターの建物の中に入ると、激しい嘔吐が襲ってくるのであった。ひどいときは、トイレに駈け込むまで我慢出来なくて、ぴかぴかにみがかれている廊下によくヘドを吐き出してしまう程であった。

『キャロル闘争宣言』69頁

小野が言うように、確かに置かれている状況は最悪だった。しかし龍村自身はこの頃の状況を少し違った角度から眺めており、その時の心情をこう書いている。

私は、ディレクターとしての仕事を一切奪われたままで、毎日、あのNHK放送センターの建物に出勤し続けた。（中略）私は、出勤する度に、あの清潔で、磨き上げられた放送センターの建物の中でヘどを吐いた。私は健康になったのだ。私の肉体は、凌辱され続ける位置に置かれる事をはっきりと拒絶した。

『キャロル闘争宣言』139頁

きっとやせ我慢ではなく、嘔吐という苦い肉体の反応こそ腐りきったＮＨＫの思考を拒絶するという意味で自分の考えの正当性を示す健康な反応である、と龍村は捉えたのだ。

龍村の撮った『キャロル』は結局ドキュメンタリーワークでは放送されなかったのであるが、龍村と小野はあくまでもドキュメンタリーとしてキャロルを世に問うことを諦めなかった。結果、二人は映画製作という手段に出た。ＡＴＧ（日本アート・シアター・ギルド）で映画『キャロル』を作成することを決めたのである。『キャロル』問題の本質が隠ぺいされることなく、より多くの放送関係者にこれを問い直すべきだと考えたのだった。この映画製作に関して、龍村らはＮＨＫに許可申請を提出した。もちろんそれは許可されなかったのであるが。ＡＴＧで映画を創る場合、その資金総額の半額は対案者が負担する。映画『キャロル』は１２００万円の予算だったので、龍村側の負担は６００万円であった。当時の大卒社員の初任給が６万円程度だったことを思うと単純にその１００倍、凄い額である。しかし二人の映画製作への熱意に動かされた人達の支援もあり、なんとか資金は準備されたのだった。この映画作りには約３か月を要し、その過程ではパリでの撮影やその後の編集作業に至るまで、当然ながら並々ならぬエネルギーを要した。当時の様子を龍村は、以下のように振り返る。

とにかく、毎日死ぬような思いだった。編集室にこもりっ切りで、フィルムをつないじゃ、そこにバタンと眠って、二時間して目を覚してまたつなぐといった具合であった。

『キャロル闘争宣言』78頁

しかし自分の信念を貫くとはいえ、このエネルギーはいったい何処から生まれるのだろうか。何が、龍村や小野をここまでさせているのか。なぜそこまでして、キャロルを世に問わなければならないのか。その答えを僕は持たない。恐らくその時の龍村と小野以外は、誰も分からない。もしかしたら、当の本人達すら分かっていなかったのではないか、とすら思えてしまう。何故、そうまでして映画『キャロル』を撮ったのか。その時の心情を龍村は以下のように言っている。

その問いに、まともに答えようとすると、私は混乱する。混乱するのは、何もその動機があいまいだったり、不確かだったりしたからではない。むしろ、その逆なのだ。

ジョニー（キャロルのメンバーの一人：著者注）からの手紙を読み終えた一瞬に、私にとって、い、い、い、い、い、い、い、もう一度キャロルを撮る、という事は、もう余りにも自明な、確かな事になってしまっていた。

その確かさは、〝何故撮るか〟という問いが存在する以前に在ってしまったのだ。大げさに言うのではない。それは、意志とか決意とかいった言葉で表わせる様な、意識の次元ではなく、むしろ、生理とか肉体の次元において、最初に決定的になってしまった事なのだ。

（傍点は龍村）

『キャロル闘争宣言』２８１頁

龍村仁という人は、自身の魂の叫びに対し痛ましいまでに誠実に生きた。僕にはそう思える。

この映画製作に関係した事柄、すなわち許可なく外部の業務に従事したこと、そして許可なく長期の欠勤をしたこと、この２つの理由の下、龍村、小野の両名は先に記したように懲戒免職処分になった。もちろん龍村側には、この２つの理由に対して彼らなりの合理的な反論があった。その反論を基に、処分撤回を求めて組合に問題を提起し、解雇の無効を訴えて法廷闘争にまで至ったのである。

これと並行して、龍村側は様々なメディアを通じ問題の本質を世論に訴えた。そして、週刊誌を始めいくつかのメディアがこれに注目し始めた時、事態は突然大きく変わった。事実とは大きく異なる龍村の風貌や家庭背景に関するネガティブな記事が、とある週刊誌に載ったのである。それを境に、盛り上がりを見せていた試写会や労組の運動は急速に終焉へと向かった。この背景に何があったのかは、定かではない。しかし、この記事を書いた記者は、組合の解雇撤回闘争に強固に反対したＮＨＫ職員の友人であったことが、後になって判明した。

以上、龍村の製作した2つの映像、ドキュメンタリー『キャロル』及び映画『キャロル』を巡るＮＨＫと龍村の対立の経緯を書いてきた。もちろんこの両者の対立の顛末は全て龍村サイドからの見方であるから、客観性という意味では別の意見もあるだろう。しかし、ここで言いたいのは事の真偽ではなく、あくまでも龍村の姿勢である。ここでの行動に人間龍村仁の行動原理、魂の叫び、そして生き様が見て取れる。このキャロルを巡る3年間の闘争は、龍村が龍村らしく生きる限り必然の出来事だったと僕は思う。龍村自身も次のように書いている。

三年前、キャロルに初めて出会えた日以来、私のまわりに起って来たでき事は全て、ある意味では偶然であり、ある意味では必然だったのだ。

『キャロル闘争宣言』284頁

3分CMからガイアシンフォニーへ

NHKを離れた龍村は、結果的に籠から解き放たれた鳥のように自由に羽ばたき始める。NHK以降『ガイアシンフォニー（第一番）』の製作に至るまでの間の龍村は、基本的にインディペンデント（自主制作映画の）・ディレクターとしてドキュメンタリー、ドラマ、コマーシャルなど、数多くの作品を手がけた。龍村は食ってゆくためにやったと言うが、それらは既存の概念に捕らわれない龍村独特の発想、視点で作られた作品が多く、その評価は高い。受賞だけを数えても、ざっと以下の賞を挙げることができる。

・テレビ番組「シルクロード幻視行」ギャラクシー賞。
・セゾングループ3分CM「ライアル・ワトソン篇」「野口三千三篇」でACC優秀賞。

・テレビ番組：NTT DATAスペシャル「宇宙からの贈りもの～ボイジャー航海者たち」でギャラクシー選奨。

また、『ガイアシンフォニー（第一番）』発表の3年後になるが、NTT DATAスペシャル「未来からの贈りもの～この星を旅する物語」でギャラクシー奨励賞を受賞。更に、「科学とこころと自然の調和を映像を通して発表してきた功績」で京の文化賞を、そしてこれまでの様々な活動に対して京都府文化賞功労賞が贈られている。

これらの仕事の中で3分CMは特筆に値する。これは、年に8回放送されるあるテレビドラマのコマーシャルとして作られたものだが、通常のテレビCMが15秒～30秒程度であることを考えると3分という時間はとても長い。このCMとしては異例なほど長く、しかし見方を変えれば180秒という短い時間を使って一人の人間を描く。対象とされたのは決して有名人という事ではなく、その多くは龍村の目から見て興味深く、輝いている人たち。もちろんスポンサーの意向もあったが、選択基準は概ね龍村の持つある種の直感だった。ところで直感について、龍村は面白いことを言っている。

直感というのは本能というものではありません。直感が機能するようになるためにはい

ろいろ勉強しなければなりません。一瞬のうちに何かをつかみ取るには直感が大切で、苦しみや悩みをいかにして捨てていくか、たくさん勉強してたくさん忘れることが重要になってきます。

『メッセージとメディア　〜撮ることから伝えることへ〜』

直感は、もともと備わっている本能とは違い、勉強して獲得する能力だと言うのだ。しかも沢山勉強して、つまりは経験を積んで、それを忘れることが大切だと言う。普通、勉強して学んだことは忘れない方が良いと思うのだが、龍村は忘れた方が良いと言う。なぜか。別なところで、やはり同じ問いに対して龍村は次のように答えている。

もちろん勉強も必要ですけどね。僕は、勉強というのは、たくさん勉強して、たくさん捨てることだと思っているんですよ。勉強したものを持ったままではダメだと。勉強して捨てて、その器みたいなものだけを柔軟に拡げていく。そうやって感受性が研ぎ澄まされてくれば、目の前で起こった事柄に対して、瞬時に真実に近い対応ができるようになる。人が陥りやすいのは、取り込んだ知識と照らし合わせて考えるようになることです。でも、それじゃあ硬いんですよ。つまり、すでにある価値観で捉えることになるから。本当は、生理的に反応して答を出すのが一番いいと思うんですよ。

『ガイア・シンフォニー間奏曲』110頁

確かに、忘れたからといって経験したという事実は消えない。そして、その経験は己の器を広げる。それらの経験や勉強が、いざという時に、とっさの判断を迫られた時に、むしろ忘れていた方が有効に直感として作用すると言うのである。つまりはすでに忘れてしまっている経験から、既存の価値観を超えた何か、自分ですら気づかない何かが産み出される可能性を秘めていると言うのである。多くの問題に直面した時、判断を迫られた時、龍村はこの直感で乗り切ってきたのだと思う。

この3分CM作成に当たり、スポンサーが提示した重要な一つの条件があった。それは、あまり金を使わないという条件。普通コマーシャルは多額の費用を掛けて作製し、その代わり繰り返し何度も何度も放映する。しかしこれはテレビドラマと同じ扱いで、実に勿体ないのだが、たった一度しか放映されない。一回毎に新たなCMを作ることになる。従って、一つのCMに使う費用は限られるのだ。当然ながら作製費を抑えること、これは作る側から見れば大きな制約になる。しかし龍村は次のように言う。

このことは、一見制約に見えるんですね。人間が生きているということは制約に囲まれているということですが、そういう制約があるからかえって本当の意味でクリエイティブな仕事ができるのではないかと私は考えています。制約を「制約だ！」と考えたときに本当の制約になってしまうのだと思います。

『メッセージとメディア　～撮ることから伝えることへ～』

考えてみれば、ガイアシンフォニーの作成過程でも常にこの制約は付いて回った。だからこそ、通常の発想を超えたクリエイティブな仕事ができたという訳か。確かに龍村仁という人は、予想外に降りそそぐ一見ネガティブな展開を、時に楽しんでいるようにさえ見える。目の前の事実を受け容れ、不可能の中にこそ可能性を見出そうとする。この精神性こそが新たな創造力を生み、数々のシンクロニシティを呼び寄せるのだろう。このＣＭの登場人物は実に多彩で、創作舞踊家、博物学者、独自の体操の創始者、大学教授、医師、宮大工、小説家など世界中から多種多様な52名が選ばれた。その中には、後年ノーベル医学賞を受賞して一躍有名になった本庶佑博士も含まれる。本庶氏が当時は無名な一研究者に過ぎなかったことを考えると、やはり龍村の直感が本物を見つけ出す目は確かなものだった。ACC優秀賞の受賞からも伺えるように、この3分CMの評価はとても高かった。そしてこれは、やがて映画ガイアシンフォニーへと繋がってゆく。それを龍村は、以下のように語っている。

1988年にその特別番組のドラマを辞めることになって仕事がなくなったのです。そのときに何か仕事をしなければと考えたときに、3分間の映像を撮っている時に世界中の有名無名の人たちに出会って、人に感動を与えるような仕事をしてきた人たちというのは何か共通したことを話しているような気がしていたのです。

それぞれの人たちはそれぞれにその人が体験した固有のことを話しているのですが、何だかみんな同じことを言っているということに気がついて、これって人間の本質みたいなものに繋がっているのではないかと思いました。このことが『ガイア・シンフォニー』を作るきっかけになりました。

『メッセージとメディア　～撮ることから伝えることへ～』

映画『地球交響曲（第一番）』は1992年に公開された。

1992年の一番公開以来、この四半世紀の間に映画ガイアシンフォニーは第八番まで公開された。この間の観客動員数は凡そ250万人。一般市民の自主上映に支えられてきたことを考えると、驚くべき数値である。

2019年5月現在、龍村仁監督は79歳になっている。体調はあまり芳しいとは言えない。実は、ここ数年の間に2回ほど大きな身体的アクシデントに見舞われている。その結果、腰椎の損傷と大腿骨骨折を負い、骨盤には人工的なボルトが埋め込まれている。今では、以前のように自転車で移動するというライフスタイルがとれなくなった。自転車で、颯爽と風を切って走ることが出来なくなった。それが龍村にとって、身体的にも精神的にも大きな痛手になっていることは容易に想像できる。実際その人工のボルトが入っている部分には、今でも時々痛みが走るようだ。しかし龍村は言う。「この人工的なボルトと宇宙が作った自分の身体は、やがて調和を保つ。自分がそうなると信じ切っているので、必ず調和する時が来る」と。

そして現在、次回作品ガイアシンフォニー第九番がクランクインした。人間である限り誰にも訪れる、加齢による身体的諸機能の衰え。しかし九番ができると信じた龍村仁には、宇宙との調和の中で、肉体的な衰えを超えた何か特別な力が与えられるような気がする。龍村仁事務所のオフィスの壁には、現在一番から八番までのポスターが並んでいる。その一番右端の部分に、ポッカリとちょうどポスター1枚分のスペースが空いている。龍村は、ここにもう一つポスターが入るはずだ、と常々言っていた。つまりそれは、九番ができるという意味である。〝ビオン・ザ・ロード〟。龍村仁は、今、また一つ道を超えようとしている。

第二章　ガイアの思想

龍村仁の魅力は森羅万象からその本質を見抜く感性、そして人間という偉大な、同時にか弱く危うい存在に向けられた限りない愛だと僕は思う。その世界が映画ガイアシンフォニーに映し出され、僕たち観る者を魅了する。つまり僕たちは映画を観て、そこに登場する人物や大自然の営みを通じ、龍村仁の魅力に感動しているのだろう。映画以外でも、著作、講演、ＷＥＢサイトなどを通じて龍村の想いは発信される。それらは凡人が考えあぐねた挙句、ようやく捻り出すような陳腐なメッセージではなく、まるで異なる次元から物事の本質が直接龍村の中に降りてくるような言霊である。

２０１９年、平成が終わり新たな令和時代が幕を明けた。科学技術の発展は目覚ましく、その急速な進歩に人々はついて行けないほどである。ＡＩ、ロボット、ｉＰＳ細胞、クローン技術、これらはともすると人が生きる意味、あるいは人間の存在そのものの意味を曖昧なものにしかねない。一方世界の現状に目を向ければ、国や地域間の抗争、宗教対立、環境問題、貧困問題、核の脅威などなど解決の糸口すら見出せない問題が山積状態である。そして近年世界中で頻発する自然災害は、まるで我々人類の振舞いに対するガイアからの怒りを込めたメッセージのようにすら映る。そんな状況にあっても、龍村仁は決して人類を見捨てない。希望の眼差しで、この小さく偉大な存在を見つめている。龍村仁の言葉は、この難局に在ってあたかも羅針盤のように我々人類が進むべき方向を示唆しているのである。まあしかし、こんな風に書くと監督から、「俺はそんなこと言った覚えはないよ。」と笑って言われそうだが。

本章では、龍村仁の言葉の数々を紹介しながら、その思想、人となりについて考えてみたい。それと同時に、龍村のメッセージを手掛かりにして、令和時代を生きる我々が歩むべき未来を模索してみたい。

心の水位――自主上映への想い

最初に、この特殊な映画の広がりについて書いておこうと思う。

先にも記したように、ガイアシンフォニーという映画は一般市民の自主上映に支えられ四半世紀以上も続く不思議な映画である。この間、観客数は延べ250万人にも上る。ざっと考えて、年間10万人の人がこの映画を観たことになる。そのほとんどが、公共の施設などを用いた自主上映なのだから、これは凄い数字だ。

想いが未来を創る。この信念なくして、この映画は生まれなかった。映画ガイアシンフォニーを世に問い続けた製作者の信念、それは正に、次の龍村ゆかりの言葉が物語る。

夢を求めるだけでは生きてゆけない。でも夢や希望を失ったら生きてゆく意味がない。霊性と現実を繋ぐものは、未来をみつめるまなざし、ビジョンだけである。私達が心にどんな未来を描くか、そのことによって未来は決まると「地球交響曲」は投げかけ続けてきたではないか。想いが未来を創る、そのことへの揺るぎない信念をいつも試され続けている。

ガイアシンフォニーの最初の作品つまり一番は、完成はしたものの当初はお蔵入り状態だった。何度か試写会を試みたのだが、いわゆる映画界からの反応はまったく無く一年間以上眠ったままだった。この時の心情を、龍村は次のように語っている。

『地球の祈り』119頁

この作品がテーマ的にも形式的にも従来の〝映画〟の範疇に入らないものであることだけは初めから承知していた。（中略）しかし私は、これを映画として観てもらいたかった。観客のひとりひとりに暗闇の中で、ひとりの独立した人間として、画面と一対一で対峙しながら観てもらいたいと願った。だからまず、映画の形式に完成させることが第一義的な目標だった。完成さえすれば必ず映画として上映されていく道が開ける、と信じていた。この信念の背景にあったのはある種の予感のようなものだった。このような映画の登場を待つ人々の心の水位が、ひたひたと上がってきているという予感、あるいは言葉にならない実感があったのだ。

『地球交響曲の軌跡』8頁

この種の映画を待ち望む人々の〝心の水位〟と、龍村は書いている。社会には、映画ガイアシンフォニーを受け入れる準備が整いつつある、と龍村は考えたのだ。理屈ではない。そのような予感、そして言葉にならない実感があった、と書いている。それは、龍村のもつ真理を見抜く力、すなわち〝直感〟だった。

さて、このお蔵入りという膠着状態を前に意を決した龍村は、自ら3000枚のチケットを販売するという条件の下、東京の小さな劇場で映画ガイアシンフォニーを封切ったのである。1992年11月の事だった。記念すべき小さな、そして大きな一歩である。この辺りの様子を、龍村ゆかりは次のように書いている。

独立プロダクションで制作した映画「地球交響曲」が公開された。わずか二週間限定のうえ、一〇〇席足らずの小さな劇場での単館公開だった。映画完成から一年が経っていた。制作者自らが前売鑑賞券を売ることで、ようやく公開にこぎつけたのだ。

製作者は自分たちの強い信念、「この映画を待ち望む大勢の人がいる」という想いに賭けたのだ。すると、そこに思いもよらぬような事態が生まれる。

公開二週目には、前売券を持っている人よりも、当日券を求める人が増え、映画館の周りは長蛇の列となった。友人や家族から噂を聞き、観に来てくれたのだった。インターネットなどなかった時代、全ては口コミの力だった。最終日には前売券を持っていながらも中に入れない人が続出、急遽、別の映画館での凱旋公開が決まった。

『地球(ガイア)の祈り』19頁

こんな事が実際起こるのだろうか。全くもって失礼な言い方になるが、たかが映画である。ましてや、特別な有名人やスターが出演している訳でもない。今のように、SNSで簡単に情報を流せる時代でもない。観た人が、その感動を誰かと分かち合いたくて、家族や友人に対面で、そして電話で、その熱い想いを伝えたのだ。この奇跡のようなうねりの波は、しかし人々の予想を超えて、力強く静かに広がってゆく。龍村自身、こんな展開は予想していなかったに違いない。しかし感動は理屈ではない。それを共有したいという〝想い〟も。人々の〝心の水位〟は、十分に満ちていたのだ。

噂は広がり続け、凱旋公開終了後も映画を観たいという声が後を絶たなかった。しかし自主制作のドキュメンタリー映画を掛ける映画館はない。そこでついに、観たいという人にフィルムそのものを貸し出すということになり、観客自身の手による自発的な上映が始まったのである。

『地球の祈り』20頁

最初の自主上映は、一人の主婦の強い想いから始まった。それは、後に大きなうねりになる小さな奇跡のひとしずくだった。その時の様子を、龍村は次のように書いている。

一九九一年、『地球交響曲』第一番が完成したころ、ほとんどの配給会社や映画館はこの映画の上映にまったく興味を示さなかった。こんな映画に観客が来るはずはない、という映画界の〝死んだ〟常識があったからだ。そんな時、たまたま東京での試写会を見たひとりの地方の主婦が、どうしてもこの映画を自分の親しい友人に、自分自身のメッセージとして見せたい、と強く思った。しかし、いつまで待っても地方の映画館にはやってこない。ついに業を煮やしたその主婦は、自分自身で映画の上映会を組織できないか、と思いはじめる。

もちろんそんな経験はまったくない。そこでごく親しい近所の主婦仲間数人に相談をする。その仲間たちも、経験がない分、逆に気楽にその主婦の熱意に素直に動かされ賛同する。

『地球(ガイア)をつつむ風のように』１４３頁

こうして最初の動きが始まった。しかし思いとは裏腹に、すぐに現実的な問題に直面する。会場はどうする……チケット販売は、映画上映の技術は、宣伝や広告は、そして当日の会場整理や運営は……数々の難問が大きな壁となって目の前に聳え立つ。現在のように、ＤＶＤプレーヤーで簡単に映画を上映できるような時代ではない。想いだけでは映画の上映などできない、という厳しい現実に直面したのだ。しかし、彼女らの熱い想いは冷めない。すると、そこに奇跡が起こる。次のような展開だ。

昔映写技師だったというおじさんが近所でクリーニング屋をやっていたりして、そのおじさんが昔とった杵柄(きねづか)で手伝ってやる、と言い出す。デザイン学校出身だったという主婦の友人がポスター制作を買って出る。地方紙の記者が知り合いだ、という人が上映会のことを記事にしてくれるよう働きかけるという。こうして、今まではまったく別世界の人だと思っていた人々が次々に互いにつながり、映画会の実現に向けて動きはじめる。

『地球(ガイア)をつつむ風のように』144頁

信じられないが、こんな奇跡の連鎖が次々に起こった。更に龍村は書いている。

ここでひとつ不思議なことがある。大勢の人々が熱心に動きはじめているのだが、実はそのなかで実際に映画『地球交響曲』を見たことのある人は、最初の言い出しっぺの主婦ただ一人なのだ。もちろん多少の資料はあるけれども、この映画は有名俳優が出演しているわけでもなく、何かの環境問題を糾弾しているような説明のしやすい映画ではない。だからこそ旧体制の映画界は見向きもしなかったのだ。言い出しっぺの主婦が必死で説明をしたとき、人々に伝わっていくのは、映画の内容というより、その人の心の動機、誠実さ、魂の高ぶりであり、そのことから人々が受ける〝予感〟のようなものだけなのだ。損得勘定が全くない純粋な魂の願い、とでも言おうか。それは、下手な理屈よりも力強く人々を動かす。

そして無事に上映会が終わる。劇場を出てくる人々の中に、言葉にはできない感動の輪が広がっている。最初は義理や友情だけで切符を買ってくれた人々が、主催者である主婦たちにお礼を言って帰っていく。観客の中から、「私にもこの上映会ができないでしょうか」という申し出をする人が二人、三人と出てくる。

『地球(ガイア)をつつむ風のように』145頁

ある主婦の純粋な想いが成し遂げた最初の上映会。これが前例となった。何もないところから創り上げた、ささやかな、しかし偉大な一歩である。一つ前例ができると、やればできるんだ、という確信が生まれる。こうして、映画ガイアシンフォニー自主上映の歩みは始まった。

映画『地球交響曲』はこうして広がっていき、二十世紀最後の十年間に、「第一番」「第二番」「第三番」と三本の映画をつくることができた。観客動員数は二〇〇一年六月現在で延べ百六十万人を超え、いまだに増えつづけている。この動員数だけを見て、日本の映画関係者たちは〝奇跡〟だ、と言っている。しかし、その〝奇跡〟は、彼らが言う〝素人〟のきわめて素直で誠実な〝魂の力〟から生まれているのだ。〝玄人〟と自称する人々は、自分の限られた経験と常識からこの映画は当たらない、と判断し上映しなかった。これに対して彼らが言う〝素人〟は、自分自身の〝魂〟にごく素直に従った。

『地球（ガイア）をつつむ風のように』１４６頁

情報や知識によって飽和状態になっている玄人の考えよりも、一般人の心の奥底から湧き起こる純粋な想い。これの方が、下手な常識や固定観念に捕らわれない分、より柔軟に物事の真理を見抜くことがある。その真理を、言葉で説明することは難しいことかも知れない。しかし直感は、そして魂は、言葉を超えた次元で大切なものを理解する。映画ガイアシンフォニーは、我々の魂に直接問いかける。「大切なものは何か」と。

この映画を世に問いたいという製作者の強い想い、そして感動を分かち合いたいという観た側の純粋な想い。想いが未来を創る。この揺るぎない信念なしでは、この映画を世に出すことはできなかった。

シンクロニシティ

シンクロニシティという言葉がある。「本来あり得ないような偶然の一致」や「虫の知らせ」など、現代科学の常識を超えたある種の現象で、日本語では「共時性」「同時性」などと訳される。例えば、会いたいと思っていた友人と町で偶然出会う、読みたいと思っていた絶版本を旅先の古本屋で見つけてしまう、電車が事故で止まってしまい途方に暮れている時に、偶然通りかかった知人の車に送ってもらい重要な会議に間に合う、などという出来事である。これを「単なる偶然」と言ってしまえばそれまでだが、こんな偶然が頻繁に起こると、人はそこに何かの意味を見出したくなる。映画ガイアシンフォニーの作成過程には、このシンクロニシティが数え切れないほど起こった。龍村仁が何か障害にぶつかり事態が膠着した時、このシンクロニシティは頻繁に起こり、その都度龍村はそれに救われた。いくつか紹介してみよう。

野澤重雄氏は、たった一粒の普通のトマトの種を巨木にまで育て上げ、その一本の木に1

万3千個ものトマトを実らせた人である。常識的には、信じられない。なにせたった一粒の種から、だから。そこには、遺伝子操作も特殊の肥料も何も使ってない。ガイアシンフォニー第一番の出演者である。このトマト育成の課程を、龍村は種の段階から全て映像に収めようと考えた。ところがトマトの成長がもうすぐ絶頂期を迎えるころ、別の撮影でどうしても急遽イタリアに行かねばならない事態が起こった。トマトは、熟し切ればやがて実を落とす。その限界を龍村が野澤さんに尋ねると、その期日は龍村の帰国予定よりも10日も早いという。一方、真っ赤に熟したトマトが温室一杯に実っている光景は、この映画のクライマックスにどうしても必要なシーンだった。もちろん、代役を立ててカメラを回せばトマトの映像は撮れる。しかし、龍村はその安易な方法を取ることができない。自分と心を通わせながら、これまで大きくなったトマトを他人に撮らせたのではトマトに対して申し訳ない、という思いがあった。龍村の持つ矜持である。龍村は毎日イタリアからトマトに念を送った。強い想いを送り続けた。「待っていてくれ」と。そして奇跡は起きた。5千個のトマトは、野澤さんの予想を遥かに超えて龍村が帰国する日まで木に留まった。イタリアから帰国するとその足で撮影に向かった龍村は、美しく見事なトマトの姿をカメラに収めることが出来たのである。そして、その日の夜全てのトマトは落ちた。トマトは、龍村の帰国を耐えて待っていたのでである。野澤さんは何度もトマトの巨木を育ててきたが、一晩で全部の実が落ちるという経験はこれまで一度もない、と驚いている。

撮影当初、野澤さんは龍村に次のように言っている。

「技術的には何の秘密もないし、難しい事もないんです。ある意味では誰にでもできます。結局一番大切なのは育てている人の心です。成長の初期段階でトマトに、いくらでも大きくなっていいんだ、という情報を与えてやりさえすれば、後はトマトが自分で判断します。トマトも、〝心〟を持っています。だから撮影の時にはできるだけトマトと心を通わせ激励してやって下さい」

『ガイア・シンフォニー間奏曲』25頁

龍村がトマトに念を送り心を通わせた結果、そこに奇跡が起きた。

ガイアシンフォニーに登場するエレナという象がいる。アフリカはケニアの野生に棲むメスの象で、傷ついたところを動物保護活動家のダフニー・シェルドリック氏によって保護され野生に返された。龍村は、このダフニーとエレナの間にみられる人と動物という枠組みを超えた交流を映像に捉えた。〝捉えた〟と過去形で書けば、まるでそのシーンを簡単にカメラに収めたように聞こえるが、エレナが棲むツァボ自然公園は東京都の10倍ほどの面積があり、さらに撮影に同行したダフニーが住むナイロビからツァボ自然公園までは400㎞も離れている。もちろん人間と象の間に、科学的な通信手段など無い。僅か数日でエレナの居場所を特定し、その姿を捉えることなど不可能なのだ。ところが、エレナはまるで龍村やダフニーの願いをキャッチしたかのように、そこに現れる。その時の様子を龍村は次のように書いている。


しかし､エレナは､彼女（ダフニー）が来ることを､なぜか必ず前もって知っている､という。面会場所は、近くに小さな川の流れる草原のまっただ中だった。

「エレナ！　エレナ！」とダフニーさんが数回叫んだ。私たちにはまったく何も見えなかった。草原を渡る風の音以外、一切物音のしない静寂が、長い間続いた。

突然、はるか彼方の森の陰に動くものが見えた。エレナだった。（中略）森のはずれの樹のてっぺんあたりからエレナの大きな顔が現われ、ゆっくりとこっちに向かって進んでくる。「エレナ！」と小さく叫んで、ダフニーさんもまっすぐにエレナに向かって歩き始めた。この再会シーンは、撮影しながら涙が出るほど感動的だった。（中略）

そこには、象と人間、という種の違いなどまったく感じさせない〝愛〟の分かち合いがあった。

『地球(ガイア)のささやき』20頁

ここでの経験を通じ、龍村は以下のように言う。

心で〝想う〟ことが相手に伝わる仕組みは、まだ〝科学的〟には解明できていない。ひょっとすると、〝科学的〟手段では解明できないものなのかもしれない。

しかし、それは確かに伝わる。

しかもそれは、種の違いを越え、言葉を越え、時を越え、空間を越えて確かに伝わる。

今私たちは、この心で〝想う〟ということが、現実をつくってゆく上でどれほど大切なことか、ということを真剣に考え直す時代にきている。

『地球(ガイア)のささやき』22頁

近年の量子力学の知見は、従来まったく別次元のものと捉えられてきた〝心〟と〝物質〟が実は不可分のものではなく、お互いに影響し合っている事実を指摘する。古から現代にいたるまで、人は祈る存在であった。「祈る」という行為は宗教の占有物ではなく、僕たちの日常にある。おそらく、ある一定の条件が整えば祈りは通じるのだと思う。

アイルランド出身のエンヤの歌声を初めて聴いた時、龍村は何とも言えない懐かしさに包まれたと言う。エンヤはケルト民族の血を引き、ケルトの遺跡に囲まれた土地で育った歌い手である。日本から見るとちょうど地球の真裏に育ったエンヤの歌声に感じる、この言い知れぬ懐かしさ。その衝撃に近い感覚を、龍村はどう理解してよいか分からなかった。と同時に、その理由をどうしても知りたいと思った。やがて龍村は、エンヤを自身の映画の出演者として迎えたいと考えるようになった。しかし、この世界的スターの一ファンでしかない龍村に、彼女とコンタクトをとる術など無かった。なんとか事務所の住所を探り出し、出演依頼の手紙を書いた。返事は来ない。ひと月経って再び書いた。やはり返事は来ない。三度書いた。返事は来ない。当然である。はるか遠く離れた異国の、存在すら知れない小さな独立プロの映画監督からの要請、おまけにガイアシンフォニーというのがどんな映画になるのか、エンヤはもちろんのこと龍村自身も分からないのである。こんな状況の時、龍村は次のように考えるという。

こんな時、私にはある思い方がある。
まず、エンヤに出演してもらいたい、と思った動機に、何か不純なもの、例えば有名人に出演してもらえれば少し得をするかもしれない、といったような動機がなかったかどうか検証してみる。もちろんこうした動機が必ずしも不純とは言えないが、それをはるかに越えた強い直観のようなものがあるはずなのだ。有名であるか否かは、その後に付いてくることに過ぎない。それが確信できれば、次に私は、必ずどこかにつながる道があるはずだと思い、今の私に可能なあらゆる方法を模索してみる。そして、それでもつながらない場合は、〝いまだ時が満ちていないのだ〟と思い、きっぱりとあきらめる。

『地球（ガイア）のささやき』72頁

〝時が満ちていないのか〟と思い始めたある日、龍村はあるパーティーで若い白人女性と隣の席になった。世間話を交わす中で、彼女がアイルランド出身だと話したことを思い出し、「エンヤという歌手がいますが、ご存知ですか？」と龍村は尋ねてみた。その一言で全てが繋がった。まるで用意されていた映画のシナリオのように。なんと彼女は、エンヤとは家が隣り同士で幼いころから双子の姉妹のように育った仲だというのである。そして龍村に言った。「じゃあ私が明日エンヤの実家のほうに電話してあげるわ」と。そして次の日には、エンヤから直接龍村に電話が入ったのである。それから話はとんとん拍子に進み、エンヤの故郷グィドウで映画の撮影は行われた。

このアイルランドの旅で、龍村はケルトの遺跡の石の壁に、吉野の天河神社のシンボルである3つの渦巻き模様を発見している。天河神社は、龍村にこのガイアシンフォニーという映画の着想をもたらし、彼の精神的支柱ともなっている原点的な存在である。事実、龍村は映画ガイアシンフォニーに関わるそれぞれの節目ごとにこの地を訪れ、祈りと共に柿坂神酒之祐宮司の神事に身を清めている。地理的にみれば日本から最も遠いこのケルトの地で、自身の守護神ともいえる天河神社のシンボルを見つけた時、龍村仁はこの一連の出来事が偶然ではないことを確信したという。

ところで、そもそもエンヤがこの映画に出演する切っ掛けをもたらしたもの。つまり、龍村が彼女の歌声に強烈な郷愁をそそられた理由。それを龍村は次のように分析している。

自然のすべての生命、もの、現象の中に宇宙の大いなる意思（神）が宿っており、私たち人間も、その大いなる意思のひとつの現われである、という生命観。これはまさに私たちの直接の祖先である縄文の人々が持っていた生命観であり、日本の神道の原点になった宇宙観でもあるのだ。エンヤの歌声の中に感じた言い知れぬ懐かしさは、私自身の中に眠っていたものへの懐かしさだったのだろう。

『地球(ガイア)のささやき』76頁

遠く離れたケルトの文化と日本の神道の自然観、宇宙観。遠い縄文の時代、日本とケルトは繋がっていたのかも知れない。このような発想を科学的な視点のみで否定することは、厳に控えたい。今の科学の常識など、所詮１００年後には大きく塗り替えられる。現代科学とは、それほど未熟なものなのだから。

　この種のエピソードは、まだまだある。ガイアシンフォニーという映画は、複数の登場人物のエピソードで構成されるオムニバス形式のドキュメンタリーである。第三番の出演者の一人として、龍村はハワイ在住のナイノア・トンプソンのことを漠然と考えていた。ナイノア・トンプソンは現代人でありながら古代の伝承航海術を学び、GPSはもとより海図、羅針盤など一切の現文明機器を搭載しないカヌーで、ハワイ・タヒチ間往復航海を成功させた。星を読み、波や風を感じ、海の自然が与えてくれるサインだけを頼りに、実にハワイ~タヒチ間4000キロの海の旅を成しとげた人である。一方、この映画の主要な登場人物である星野道夫に関する取材で、龍村は南東アラスカのケチカンに住むクリンギット・インディアンのウイリー・ジャクソンや一族の長老であるエスター・シェイを訪ねた。この時点で龍村は、ナイノア・トンプソンのことは漠然と頭の片隅にあっただけで、一切のコンタクトを取っていない。このアラスカ先住民の取材を通じ、龍村は星野道夫との次元を超えた深い繋がりを確信させる、とある儀式を受けたのだが、その話はここでは割愛する。その儀式を受けた後、龍村はウイリーから1本のビデオテープを渡された。何の脈絡も無いまま、そして説明も無く。ホテルの自室に戻ってそのテープを見た時、龍村は血が逆流するような衝撃に襲われたという。テレビのモニターには、大海原を行くナイノア・トンプソンのホクレア号が現れたのだった。「なぜ、ナイノアなのだ」全身が総毛立ち恐怖心さえ覚えた、と龍村は書いている。そして、思った。

「そうか、これは、ナイノア・トンプソンを『第三番』に登場させよ、という星野道夫からの、いや大いなる意志からの伝言だ（後略）」

『地球交響曲（ガイアシンフォニー）第三番　魂の旅』１０４頁

それから龍村のナイノア・トンプソンへのアプローチが始まり、紆余曲折を経た末にナイノアはガイアシンフォニー第三番の重要な登場人物になった。

ガイアシンフォニーは現在8作あるが、このようなシンクロニシティが龍村仁の周りで、そして全ての映画制作の過程で実に頻繁に起こった。まるで神様が龍村を支援しているようにしか思えない。そう、多分彼は神様に助けられているのだ。簡単な話だと思う。それが世の中に必要なものならば、宇宙の摂理はそれを支援する。奇跡と書いたが、この現象は奇跡でも何でもないのかも知れない。おそらくは未熟な現代科学が、その発生メカニズムを探れないだけなのだろう。そして、心が発する強い想いや願いは確実に伝わるという事実を僕たちはガイアシンフォニーを通して確信する。相手がトマトであれ、象であれ、人であれ。ただし、このような現象が起きるためには一定の条件が必要なのだ。それを龍村は次のように記している。

> この一見人智（じんち）を超えているように見える出来事は、実は、人事を尽くしている時にのみ起こるのだ、ということを確信するようになった。
> そんなことが起こることを期待したり、自分にそんな能力があるかの如く妄想する者には絶対に起こらない。自分の力がいかに限られたものであるかを思い知り、結果については思い煩うことなく、目の前にたまたま起こっているかに見える出来事に、全身全霊で取り組んでいる時、もしそれが本当に必要なことであるなら、〝偶然の一致〟が起こるのだ。（傍点は龍村）
>
> 『地球交響曲第三番　魂の旅』90頁

〝偶然の一致〟は神からの〝啓示〟のように現われる。しかしこれは神が力を与えてくださったのではなく、この事実を一人の生身の人間としてどう受け止め、どう行動するかの問いが〝神〟から発せられた、と考えるべきなのだろう。

『地球交響曲第三番　魂の旅』１０４頁

確かにそうなのだろう。この種の偶然は、目の前の課題に全身全霊で取り組み、しかもそこには名誉欲や自己顕示欲など利己的な思惑がなく、なおかつそれが必要とされている場合に限りもたらされる。つまりは、状況が整った時にある種の必然として起こるのだろう。つまり、映画ガイアシンフォニーは、〝必然〟として、21世紀の私たちにもたらされた。そしてより大切なのはシンクロニシティに感謝しつつも、そこに神意を感じ取り、より謙虚な思いでことに邁進する、というその後の我々の姿勢だと思う。

霊性（スピリチュアリティ）

龍村仁が現代人に投げかける最も重要なメッセージは、我々自身の中に存在する霊性（スピリチュアリティ）に気付け、ということだろう。映画ガイアシンフォニーのメッセージを極端にまで単純化して理解すれば、それは詰まるところ、「自己の霊性を認識して森羅万象を見据えよ」ということだと僕は考えている。では霊性とは何か。それは、色々な宗教が説明してきたエッセンスをまとめたもの。言い換えると、多くの宗教が説明してきた宇宙の成り立ち、超越的存在（神）との繋がり、生きる上での規範などの共通部分を要約したもので、同時に宗教が持つ負の側面、すなわち他の宗教を否定したり、独自の観念体系や教義を強要したり、という拘束的な部分を取り除いたものの総体。その総体を理解することにより魂に育まれる感性、それを霊性という。すなわち霊性とは、人間が普遍的にもつ己の存在の意味や価値を問う行為や、人知を超えた大いなる存在を認識し、それに対し畏敬の念を抱くことなど、人間に備わった深遠な特質と捉えることができる。悠久の時を超えて繰り返される大自然の営みに畏怖を覚え、樹木や動植物、更には山や川や風などにまである種の神性を感じ取る。そんな営みこそ、霊性の顕れと見ることができる。分かり易く言えば、霊性とは、「誰が見ていなくてもお天道様が見ている」「日々生かされていることに感謝を感じる」「年長者やご先祖さまを敬う」「四季の移ろいに、ものの哀れを感じる」というようなセンスで、世界中の多くの先住民族がもっていた自然と調和して生きる価値観なのである。

ガイアシンフォニー第一番が完成した当初、龍村は「地球交響曲は、世界の5人のスピリチュアルな体験を持つ人々のメッセージをオムニバス風につづった映画である。」と述べ、この映画に〝スピリチュアル・ドキュメンタリー〟という造語を付けている。その上で、〝スピリチュアル〟や〝スピリチュアリティ〟という言葉に対して、以下のような見解を述べている。すなわち、「二十一世紀を迎えようとする今、科学技術の恩恵を十分に知ったうえで、なおかつ、その様な方法では捉えきれない何か宇宙的な、あるいは超自然的な見えない力の存在に気づき始めた人々の魂」が存在する。その魂こそが、スピリチュアリティやスピリチュアルな現象と深く関連すると言うのである。そして、最後に彼はこう結んでいる。

科学技術の進歩は人を自然の脅威から解放し、生活を豊かで安全なものに変えてくれた

ように見えた。しかしその豊かさと安全性の代償として人は何か一番大切なものを見失っていた。二十世紀末の今、人はようやく科学技術への盲目的な信仰が惑星地球の全ての生命を破壊に導く危険がある事に気付き始めた。

科学技術の進歩を後戻りさせる事はできない。しかしその科学技術をどのように使い、どの方向に進めるかは結局、人の心・魂のあり方によって決まる。科学技術の進歩に較べて、人の魂の進化が遅れている。このアンバランスが今の地球の危機をつくっている。

二十一世紀を迎えようとする今、最も必要なのは、人の魂の進化なのだろう。シュワイカートのスピリチュアルな体験にもみられるように、科学技術の進歩が人の魂の進化を促している、とも言える。科学技術の進歩によって今まで見えなかった多くのものが見えるようになった。そして人は、その見えた事によって、見えないものが存在する事に気付き始めた。植物の生きる姿から学ぶものが山ほどある。動物の心から学ぶもの、古代の知恵から学ぶもの、そして、全ての生命から学ぶものが無限にある。「地球交響曲」は人の魂のスピリチュアルな進化を願ってつくった映画である。

『地球交響曲（第一番）』(http://gaiasymphony.com/jintatsumura/essay01-21#15)

龍村仁は、現代テクノロジーと霊性は相反するものではなく、両者の融合が魂の進化を促す、と言うのである。その通りかも知れない。一般に、いわゆるスピリチュアルな事象は、現代テクノロジーの対極にあるものと考えがちである。しかしテクノロジーも霊性（スピリチュアリティ）も、人間が希求する〝幸福〟を支える存在という意味では同じ目的を持つ。神話も現代テクノロジーも手法は異なるが、共に宇宙創生の謎を読み解き、人間存在の意味を説明している、ということである。

映画の中でラッセル・シュワイカートは、宇宙遊泳という言わば最先端の現代テクノロジーに支えられた営為の中で神秘体験をしている。その他、トマトと会話ができる野澤氏、象と意思疎通するダフニーも、８０００ｍの死の地帯を酸素も持たず一人行くメスナーも、そしてケルトの魂を歌い縄文の記憶を蘇らせるエンヤも、いずれも現代科学に支えられた技術を駆使したうえで、現代科学では説明できない現象を受け容れることで、人には成し得ないことを成し遂げているのである。現代テクノロジーとスピリチュアリティは車の両輪。テクノロジー無しで現代人は生きられないし、スピリチュアリティを欠けば、その使い方を誤るのだろう。

ガイアシンフォニー第四番が完成した時、龍村は現代人にとっての霊性（スピリチュアリティ）の重要性について、以下のように記している。

21世紀は、人類のあらゆる営みの基盤にやわらかな〝霊性〟（スピリチュアリティ）が求められる時代になって来ると思います。教育、文化、芸術の分野ではもちろんのこと、従来は〝霊性〟とは縁遠いと思われていた政治、経済、科学などの分野でも、それが最重要な課題になってくると思うのです。なぜなら、〝霊性〟を持たない人類の営みが、我々人類だけでなく、この地球の全生命の未来を危うくしていることに、もう誰もが気づき始めているからです。

〝霊性〟とは、私たちひとりひとりが、日々の何気ない営みの中で、「自分は、母なる星地球（ガイア）の大きな生命の一部分として、今ここに生かされている。」ということを、リアルに実感できる、その力のことをいうのです。

自分の内なる〝霊性〟に目覚めることによって、人は謙虚になります。
日々の出来事に対して、感謝の気持ちを持って対処できるようになります。
自分以外の生命のことを、本気で考え、行動し、祈る、ことができるようになります。
遠い未来を想い、遥かな過去を感じる力だって増してくるでしょう。

見えないものを見る力、聴こえない音を聴く力だって甦ってくるかもしれません。そしてそのことが、結局、自分自身を最も幸せにするのだ、ということに気づき始めるのです。（後略）

『ガイアシンフォニー第四番』（http://gaiasymphony.com/gaiasymphony/no04）

そのうえで龍村は、霊性を育むためには、「全ての人の中に〝霊性〟の芽が必ずある」ことへの揺るぎない信頼が必要であると言っている。そして僕は、映画ガイアシンフォニーこそ、「全ての人の中に〝霊性〟の芽が必ずある」ことを我々現代人に思い出させてくれる存在であると思っている。

フーツとカーツ

フーツとカーツ、龍村仁と星野道夫。

ガイアシンフォニーの出演者で、既に他界している人たちが何人かいる。最初の映画が出来てから既に四半世紀が経過しているので、当然と言えば当然なのだが。

数多くのガイアシンフォニーの出演者の中で、しかし、映画の作製前に既に他界していたのは星野道夫だけである。実は、カーレーサーのF1チャンピオン、アイルトン・セナはガイアシンフォニー第二番の出演予定者であった。が、撮影に入る直前に彼はレース中の事故で逝ってしまった。従って、龍村はアイルトン・セナを撮ることができなかった。その時龍村は、「撮れないセナを撮る道はないのか」と迷い苦しんだ末に漸く諦めている。まったく同じことが星野道夫に起こった。しかし龍村は、この時、他界して既にこの世にいない星野道夫をガイアシンフォニー第三番の主要な出演者と定めたのである。龍村仁と星野道夫。後述するが、彼らは遠い昔、神話の世界で兄弟だったのだ。この神話上の兄弟への想いの中に、龍村仁という人間の本質を垣間見ることが出来る。ここでは、龍村が星野道夫と共に歩んだガイアシンフォニー第三番という〝旅〟の軌跡を追ってみたい。

龍村と星野は、星野が他界する2週間ほど前に新宿御苑の森を散策しながら話している。

> ぼくたちの中に眠っている一万年前の記憶が甦ってくるような映画にしたいね。
> 人間には、いつの時代にも神話が必要なんだと思う。二十一世紀にふさわしいぼくたちの時代の神話を命がけで築かなければならない、と思っているんだ。
>
> 『地球交響曲（ガイアシンフォニー）第三番　魂の旅』20頁

この映画で、龍村と星野は現代の神話を創りたいと願った。では、龍村や星野が求めた神話とは何か。それに関しては、改めて書くことにする。

星野道夫が死んでしまった。つまり、龍村にとって映画『地球交響曲（ガイアシンフォニー）第三番』という大きな仕事のアウトラインが出来上がり、〝さあこれから〟という時に、その計画の根幹が崩れ去った。それ以上に、星野道夫という大切な大切な存在を失った。その衝撃たるや、いかなるものか。正に〝青天の霹靂〟としか言いようのないこの事態に対して、当然ながら龍村の思考は散り散りに乱れる。星野道夫の死と共に『地球交響曲』という映画そのものが、ここで「死ぬ」ということなのか。」とまで書いている。しかし龍村仁という人間は、このような進退窮まった時、身体の力を抜き思考を緩め、その状況に身を委ねてしまうのだ。その時の心の様子を次のように書いている。

もしその道が、本当に求められている道なら、喜んでその道を選ぼう。（中略）この先どうなって行くのか、などということを思い煩うことすらおこがましい。ただ、なにかがやってきた時、そのやってきたことの意味をできるだけ正しく理解し、素直に対処すればよい。その結果は、私自身の想いや力を遥かに超えたなにかの意志なのだろうから、心配することも怖れることもない。

『地球交響曲第三番　魂の旅』22頁

こんな事態を前にして、〝心配することも怖れることもない〟という思考。これは既に書いたが、子供の頃激流の川に飲み込まれた時の身の処し方に近い。全身の力が抜けたとき、予期せぬ道が拓ける。眼下には、風もないのに新宿御苑の黒い森がうねっている。その様子を見て静かに涙しながら、しかし龍村の心には次のような感覚が生まれていた。

「星野道夫は生きている」という体感が、からだの奥から渾々(コンコン)と湧き続けていた。

『地球交響曲第三番　魂の旅』22頁

ところで星野道夫の死亡事故に関して、当時新聞はじめいくつかのメディアにある種の論評が流れた。それは、自然を甘く見た慢心の写真家が周りの注意を聞かないで、銃も持たず一人野営した結果クマに襲われてしまった、という趣旨の意見である。しかし龍村の見方は全く違う。龍村は星野の事故を次のように分析した。

「熊」は彼にとって、自分を生かしめている地球(ガイア)の大いなる生命のシンボルだったのだ。「熊」すなわち、「地球の大いなる生命」への畏怖(いふ)を忘れないために、彼は銃を持たなかった。銃を持つだけで自分が強くなったと錯覚し、鈍感になってゆくことを嫌った。避難小屋に泊まって自分の生命の安全を保障されながら、その少し濁った目で「熊」を見ることを潔しとしなかった。だから、熊の危険が身近に迫っていることを知りながら、ギリギリの選択として、野外テントに泊まり続けていた。そして、フト気付いた時にはすでに巨大な熊に抱かれてしまっていたのだ。

『地球交響曲第三番　魂の旅』29頁

そして、以下のように結論付ける。

深夜、熊のいる森で、銃も持たずたったひとりで野外テントで眠ること、それは他者がどう批評しようと、星野自身がはっきりと自分の意志で選びとっていた生き方だった。そこには、星野道夫を「星野道夫」たらしめた痛ましいまでに誠実な生き方がある。

『地球交響曲第三番　魂の旅』26頁

全くもってこの通りだと僕も思う。星野道夫が自然と向き合う時に見せた、命の危険すら顧みない愚直なまでの誠実さ。愛おしくなるほどの誠実さ。僕たちの胸を打つあの写真と文章は、星野の魂がもつこの「誠実さ」がもたらすのだ。一方、星野自身は銃を持たないで行動することや、原野にいる熊への想いを次のように述べている。

いつか、ライフルを持って長期の撮影にはいったことがある。じつに安心だった。けれども、どこかで自分の行動がとても大胆になっていたような気がする。最終的には銃で自分を守れるという気持ちが、自然の生活の中でいろいろなことを忘れさせていた。不安、恐れ、謙虚さ、そして自然に対する畏怖のようなものだ。

『アラスカ　光と風』（『星野道夫著作集１』１２４頁）

「どこか近くに熊がいて、いつか自分が殺られるかも知れない、と感じながら行動している時の、あの、全身の神経が張りつめ、敏感になり切っている感覚がボクは好きです。あるインディアンの友人が言ってたんだけど、人類が生き延びてゆくために最も大切なのは〝畏れ（フィアー）〟だって。ボクもそう思います。我々人類が自然の営みに対する〝畏れ〟を失った時滅びてゆくんだと思うんです。今ボクたちは、その最後の期末試験を受けているような気がするんです」

『地球交響曲第三番　魂の旅』25頁

星野は自身の命を賭してまで、我々現代人に警鐘を鳴らしている。このことを伝えたかったのだ。自然の営みに対する〝畏れ〟を失くしてはいけない、と。それを失くした人類に未来は無い、と。そして龍村も同じ思いを共有している。だからこそ身体の無い星野道夫を、敢えてこの映画で撮っているのだ。

この星野道夫の事故の真相に関しては、小坂洋右・大山卓悠著『星野道夫 永遠のまなざし』に詳しく記されている。その内容を簡単に言えば、一部でささやかれたような夜営をした星野道夫の無謀とも取れる楽観的態度がこの事故を招いた、という理解は間違いだということである。星野を襲った熊は人間のエゴで餌付けされてしまった結果、「人＝餌」という学習が成立し、人間との適度な距離感を失った特殊な個体だったのだ。つまり、星野道夫を襲ったのは、人を襲うことが半ば常態化した通常ではあり得ない熊だった。もちろん星野はそんな事情を知らずに、これまでの野生の常識で接した。それに加え、宿泊場所とされた小屋がスタッフ全員を収容するにはとても狭く、星野にはスタッフに対する遠慮もあっただろうし、野外のテントの方が快適だった。更に、この年は熊の主要な餌であるサケの遡上がかなり遅れ、この時期に十分なサケが捕れなかった。このように様々な要因が悪い方向に重なってしまった結果、この悲劇がもたらされたというのが事の真相だったのである。
しかし龍村も同じことを書いているが、僕も思う。これらの記事を書いた記者たちは、星野の写真を見たことも無ければ、著作を読んだことも無かったのではないか、と。星野道夫の作品に触れたことがある人ならば、少なくとも彼が自然を甘く見下したり、自然を前に無謀な振る舞いをすることなど決して無い、という事は容易に想像がつくはずなのだ。銃を持たなかったのは、自然の中で写真を撮る以上、自然と対等な立場に立とうとした星野道夫の持つ矜持であった。

先に書いたように、龍村仁と星野道夫はアラスカ先住民の神話の世界において兄弟だった。名前はフーツとカーツ。龍村と星野がみせる魂の共鳴は、肉体のレベルを超えて、この神話の世界での結びつきがもたらすものなのだろう。星野道夫は生前、アラスカ、ケチカンに住むクリンギット・インディアンで熊をクラン（家系）にもつ一族の長老エスター・シェイを訪ねている。自身が晩年追い求めていた〝ワタリガラスの神話のルーツ〟に関連した取材だったと思われる。そこで星野は、自身の魂が〝熊の一族の神話上の存在〟であることを告げられているのだ。その経緯は、龍村がエスター・シェイを訪ねた時に全く予期せずに知らされた。次のように書いている。

「ジン、私たちはあなたに伝えなければならないことがあります。ミチオが初めて訪ねて来た日、私たちは一目で彼が、重要な使命を帯びた熊の一族の一員であることを確信しました。『創造主(クリエイター)』に尋ねたところ、ミチオは熊の一族の神話上のとても重要な人物であることがわかったのです。その人物の名は『カーツ』といいます。私たちはある儀式を行い、彼に『カーツ』という名を授けたのです」

『地球交響曲第三番　魂の旅』92頁

そして、あろうことか龍村自身も次のように言われたのだ。

「ジン、私たちはあなたにもミチオと同じ儀式をしなければなりません。あなたはそのために今日ここに来ているのです」

『地球交響曲第三番　魂の旅』93頁

その時の気持ちを、龍村は以下のように書いている。

一瞬、なにをいわれているのかよくわからなかった。普段なら「なぜ私が？」「どんな儀式？」「なんのために？」といった疑問が次々に湧き起こって来ただろう。ところが、そんな疑問が湧き起こってくる以前に、なにか圧倒的な力が私の中を通り過ぎて行った。「私はその儀式を受けなければならない」とごく素直に思った。力みも不安もなくそう思った。

『地球交響曲第三番　魂の旅』93頁

その儀式の間中、決して目を開いてはならないと龍村は命ぜられた。しかし龍村はその儀式の様子を見た。龍村は目を閉じたまま、「音で見た」と言っている。そう。人間に備わった五感は、何かが欠けた時には別の何かが代替する。龍村にとって、音は光と同等の力を持ってこの儀式の情報を伝えた。この〝音で状況を見る能力〟は、本来誰しも持っている力なのだろう。そもそも僕たちは音を耳で聴くと思っているが、実は音のもつ振動は全身で感じている。だから、その音の波を耳以外で聴くことは可能なのだ。しかし日常に不要なこの力を、今ではみな忘れてしまっている。そして星野道夫も、龍村と同様この能力を忘れていない人間の一人だった。龍村は、星野道夫のこの能力について次のように書いている。

深夜、森の中にテントを張り、近くに熊の気配を感じながら、かすかな風の音や森の声に耳を澄ましている時、いのちの深奥から湧き起こってくる怖れと共に、全身体の感覚が異様に研ぎ澄まされてゆく。その研ぎ澄まされた感覚こそが、目に見えない世界を見る力なのだ。

『地球交響曲第三番　魂の旅』94頁

余談になるが龍村仁という人間は、〝音〟に対して、並外れた鋭敏な感性を持っているように思えてならない。ガイアシンフォニーという映画では、音がとても重要な要素を占める。この映画で、音は映像の補助的な役割を果たすのではなく、音そのものが直接我々の五感に共振し、ある種のイメージをもたらす。いやイメージというよりも、〝実体〟といった方が正しいかも知れない。音そのものが、そこにある龍村の意志を伝えてくれるのだ、と僕は思う。映画のタイトルが「交響曲(シンフォニー)」とあるのも、音の、あるいは音楽の重要性を示唆している。

突然、儀式の音が止んだ。その時、まだ目を閉じたままの龍村には、辺りに渦巻いていたエネルギーが護摩の煙のように立ち昇り、ゆっくりと天空に消えて行く様子が見えたという。それは、青い静寂の中のできごとだった。目を開けるように言われ、龍村は次のように告げられた。

「あなたに『フーッ』という名を授けます。あなたは今日から熊の一族の兄弟です」

『地球交響曲第三番　魂の旅』96頁

こうして星野道夫と龍村仁は神話上の兄弟になった。いや兄弟になったというよりも、かつて二人は神話の世界で兄弟だったのだ。因みに神話上でカーツという存在は、熊と結婚した美しい人間の娘が産み落とした3人の男の子の内の一人だった。そして、この子の父親すなわち娘の夫であった熊は、熊の社会と人間の社会が上手く共存できるように、自らの命を人間社会に捧げた存在であった。星野道夫は、人間が自然と調和を保って存在することを願っていた。そして熊に命を捧げた。人間社会と大自然が調和を保つため、今度は人間の側の代表として、星野道夫が神話の中での父親と同じ役割を果たしたように思えてならない。では龍村の魂、フーッはどのような存在だったのだろうか。それは分からない。おそらく、この母親が生んだ男の子の内の一人だったのだろう。龍村は書いている。

フーツとは誰なのか、その名をなぜ私が授かるのか、その名を持つ者にどんな使命や役割があるのか、を尋ねたかった。しかし尋ねることができなかった。

『地球交響曲第三番　魂の旅』96頁

神聖な儀式の直後、好奇心丸出しの態度でものを聞くことが、真剣に儀式を執り行ってくれた熊の一族の人々の心を冒涜するように思えた、と龍村は言っている。そして何よりも、同じ儀式を誠実に受けたであろう星野道夫の魂を汚すような気がして、尋ねることができなかった、と書いている。一方、星野道夫はこの事実をどこにも書いていない。彼がもつ先住民の神話に対する畏敬の念が、これを軽々に公表することを許さなかったのだ。龍村がフーツの役割を問えなかったのと同様、熊の一族に対する深い敬意が、それをさせなかったのだと思う。いずれにしても、先住民族が一族以外の者に神話上の重要人物の名前を授けるというのは極めて異例の事である。この熊の一族は、遠い異国からやってきた龍村と星野に、自分たちの神話が現代社会で〝生かされること〟を託したのだ。今生での彼らにその役割があることを、一族の長老は見抜いたのである。だからこそ龍村と星野は、我々の中に眠っている1万年前の記憶、すなわち縄文の記憶を蘇らせるための神話を、命がけで創ろうとしたのだろう。映画ガイアシンフォニーを観ていて脈絡もなく涙がこぼれたり、懐かしさが込み上げたりするのは、もしかしたら僕たちの潜在意識に眠る縄文の記憶の片鱗を垣間見るからなのかも知れない。因みに、魂となった星野道夫は向こうの世界に移行する前にエスター・シェイを訪ねている。エスターは、龍村にこんなエピソードを語っているのだ。

「八月八日の深夜、ミチオが訪ねて来た。入口のドアのところに立ったまま いるので、中に入るようにいったが、なにもいわず、そのまま去っていった。その時、ミチオの身になにかが起こったことを知った。そして、翌朝の新聞で彼の死を知った」

『地球交響曲第三番　魂の旅』83頁

エスターの言う8月8日は、星野道夫が逝った日であった。自然に対する畏怖の念、目に見えない存在の価値、情報化時代における想像力の重要性、現代における神話の必要性。魂の兄弟という存在の故なのか、龍村と星野の価値観や思考の共通点は数多い。これらの視点は、現代を生きる我々がともすると忘れがちで、とても静かな想いではあるが、しかし世界の調和を考えるときにとても重要な想いである。因みにガイアシンフォニー第三番の冒頭のシーンには、「亡き星野道夫に捧ぐ」というタイトルが入る。龍村の星野道夫への深い想いが表れる。

龍村は著書の中で、『ガイアシンフォニー第三番』はいまだに完成していないと書いている。つまりこの星野道夫と龍村仁の旅は、星野が逝って20年以上の歳月が流れた現在、なおもその途上なのか。現代に神話を求める二人の旅は続いているのか。それは取りも直さず、龍村がガイアシンフォニーという映画を創り続けるという意味なのかも知れない。

神話

先にも記したように、ガイアシンフォニー第三番は「現代に通じる神話を創りたい」という発想でスタートした。では龍村仁や星野道夫が命がけで創ろうとした〝神話〟とは、いったい何だろうか。

星野道夫がワタリガラスの神話に興味を持ち、そのルーツを求めて旅したことはよく知られている。それとは別に、星野は我々が生きていく上での神話の重要性を随所で指摘している。例えば、とある講演会の中で次のように述べている。

僕たちが今、どんな時代に生きているかを考えると、本当にいろんなものが便利になって、テクノロジーとかそういうものでどんどん新しい世界に入っているけれども、同時に非常に大きなものを失ったというのは、こういった神話、自分たちの神話というものがもはやない、そのことがやはり非常に何か不安というか、自分たちをどうやって世界や宇宙の中で位置づけていいか分からないのではないかという気がしてならないんですね。

『魔法のことば』「南東アラスカとザトウクジラ」（『星野道夫講演集』２０９頁）

さらに次のようにも述べている。

人間の歴史は、ブレーキのないまま、ゴールの見えない霧の中を走り続けている。だが、もし人間がこれからも存在し続けてゆこうとするのなら、もう一度、そして命がけで、ぼくたちの神話をつくらなければならない時が来るかもしれない。

『旅をする木』「トーテムポールを捜して」（『星野道夫著作集３』１１０頁）

改めて神話とは何だろうか。ギリシャ神話、ローマ神話などは有名だが、宗教が語る天地創造や神々の物語りも神話の一つである。そして日本にも『古事記』、『日本書紀』などに代表される神話が遺されている。その他、地域に伝わる風土記や伝承の物語り、これらも広い意味では神話の一つであろう。そしてそれらの神話は、残念ながら今の日本人にとって身近な存在とは言えない。しかし星野道夫が指摘したように、神話は人々が迷える日常にあって正しく舵をとる上でとても重要な存在だ。

なぜ神話がそれほど重要なのか。法学者の竹田恒泰氏は、二十世紀を代表する歴史学者アーノルド・J・トインビーが、「十二、十三歳くらいまでに民族の神話を学ばなかった民族は、例外なく滅んでいる」と述べていることを紹介し、同時に現在の日本人が日本神話を学んでいないことの危うさを指摘する。（『現代語古事記』）

では、なぜ我々日本人は神話と疎遠になったのか。その背景には、エビデンスを絶対視する科学偏重主義がある。つまり、神話が史実に基づくものではないから信ずるには足りないとする考えである。果たしてそうだろうか。確かに、日本神話が正確に史実を辿ったものだとは思えない。当然そこには、比喩や暗喩が散りばめられ、結果心に残るストーリーとして構成されているのだ。しかし物語りの方が、いわゆる〝事実〟よりも物事の本質を射止める、という事はよくある。〝事実〟というのは、所詮そこで起こった現象に過ぎない。そして大切なのは、神話が史実かどうかではなく、それが民族の価値観やアイデンティティを形成するうえでの源になるという点である。かつて我々日本人の精神には八百万（やおよろず）の神を認める多様性や、全ての存在に神性を見出す自然観が流れていた。神話は、そんな感性を呼び起こしてくれる存在である。もう一つ日本人が神話から遠ざかった理由がある。日本という強固な国が再構築されることを恐れた米国（GHQ）が、戦後日本の統治政策の一環として大和民族の神話を排除した。非科学的で根拠がないという理由で、教育の現場から神話を切り離すことにより、民族の弱体化を図ったのである。これは逆に見れば、それだけ神話の持つ力が大きいということの表れでもある。しかし、科学的でないとの理由で神話が否定されるのは不思議な話であり、諸外国の例をみても、ギリシャ神話にせよ聖書の中の物語りにせよ、神話はどれも史実を忠実に語っているわけではなく、それでも民族のアイデンティティを形成する重要な存在になっている。

龍村は、神話が生まれた背景を独特の自然観で以下のように分析する。

> 私たちのからだは、事実として、トマトや象と同じ原子を分かち合っている。風の中にも、波の中にも、ひととき私たちのからだを形づくってくれる原子が漂っている。何年か前に生きた先祖のからだの中にあった原子の一つが今、事実として私のからだの中にある。百億年前の宇宙誕生の一瞬に生まれた原子の一つでさえ、宇宙の無数の星々の誕生と死に関わりながら、今、この私のからだの中にあるかもしれない。（中略）
> だからこそ、まだ人工的な通信手段や交通手段を持たなかった時代に、我々の祖先たち

は、遠く離れた世界の各地で、〝自然のすべての現象の中に神が宿る〟という、同じ自然観・生命観を抱き、宇宙創成や生命誕生についての、同じ神話や伝説を生んだのだ。（傍点は龍村）

『地球（ガイア）のささやき』14頁

そして、現代人から神話が遠ざかった背景を次のように分析する。

現代人の多くは、この〝ひとつながり〟の感覚を忘れかけている。忘れることによって、トマトや象と〝話す〟言葉を失い、祖先や他者との連帯感を失い、そして、自然や地球そのものと対話できなくなっている。

『地球（ガイア）のささやき』13頁

龍村は、この自然と対話する力、それを現代人は取り戻すべきだと言いたいのだ。

一方、アメリカの著名な神話学者ジョーゼフ・キャンベルは、神話には以下の役割があると述べている。すなわち、神話は、①宇宙の成り立ちを説明し、自分が何者であるかを教え、②神秘的な物の前で謙虚になり畏怖の念を抱くことを教え、③社会秩序を支え、どんな状況の中でも人間らしく生きるためには、どうすべきかを教える。その上で彼は、「私たちは今日、自然の知恵と元どおり和解することを学ばなくてはなりませんし、動物と、そして水や海とも、兄弟であることをもう一度自覚すべきです」と主張する。（『神話の力』95頁）このジョーゼフ・キャンベルの提言こそは、現代人が思い出すべき重要な視点である。今、我々人間は、かつてそうだったように自然の知恵と和解しなければならない。龍村は、それを「自然と対話する力」と表現したのだ。そして先に紹介したように星野道夫も、自然との調和を欠いた現代社会において、自分たちの立ち位置を確認する拠り所として神話が重要だと述べている。そして、しばしば以下のワタリガラスの神話を引用し、現代人と自然の関係に関して警鐘を鳴らす。

ワタリガラスはふと考えた　人間が恐れをもつ何かを造らねば　この地上にこしらえたすべてのものを　いつか滅ぼしてしまうにちがいない
ワタリガラスは1頭のクマを形づくり　そこに命を吹き込んだ……

『アークティック・オデッセイ――遥かなる極北の記憶』10頁

ワタリガラスは、人間に〝恐れ〟というとても大切な感情を与えるためクマを造った。そのクマについて、星野は次のように書いている。

もしもアラスカ中にクマが一頭もいなかったら、ぼくは安心して山を歩き回ることができる。何の心配もなく野営できる。でもそうなったら、アラスカは何てつまらないところになるだろう。

人間はつねに自然を飼い慣らし、支配しようとしてきた。けれども、クマが自由に歩き回るわずかに残った野生の地を訪れると、ぼくたちは本能的な恐怖をいまだに感じることができる。それは何と貴重な感覚だろう。それらの場所、これらのクマは何と貴重なものたちだろう。

『星野道夫　永遠のまなざし』１３６頁

〝恐れ〟そして〝畏怖〟。星野道夫は我々現代人が神話を持つことによって、〝畏怖の念〟を携えることを願っていた。それこそが、我々人類が未来社会を生き延びるための鍵だと考えたのだ。

一方、龍村は神話の必要性を以下のように述べている。

自分のいのちは、自分だけの所有物ではなく、目に見えない大いなるいのちの繋がりの中で生かされている、というあの記憶を呼び覚ますために、神話はあるのだ。その意味では、科学技術の進歩した今日でも、神話は、人間が正しく生きてゆくために必要なものだ、と私は思っている。

『地球交響曲第三番　魂の旅』１９８頁

さらに、以下のように言う。

なにをもって、「神話」というのか、どんな「神話」が必要なのか、は時代によって、時・場所・個人によって違って来る。いや、違った方がよい、と思う。その意味では、古来からの神話が、変わることなく継承される必要は必ずしもない。

『地球交響曲第三番　魂の旅』１９９頁

僕は、この龍村の考えに深く共感する。我々は日本民族の神話、古事記や日本書紀の中に〝抑制〟や〝畏怖〟を散りばめた物語りを見出すことが可能かも知れない。しかし必ずしも、古来からの神話だけにそれを求める必要はない。我々は、もしかしたら映画ガイアシンフォニーに、それらの物語りを見つけることができるのかも知れない。この映画を観て時に僕たちが予期せず落涙するのは、龍村のいうように、僕たちの体の中に神話誕生の頃生まれた原子の一つが厳然と存在し、それが潜在意識に眠る懐かしい神話時代の記憶を蘇らせるから、なのかも知れない。そもそもガイアシンフォニーのガイアとは、ギリシャ神話に登場する大地の女神、ガイアからとっている。つまりは、神話に因んだ映画なのである。

更にガイアシンフォニーのシリーズで、何度かプロデューサーを務めた龍村ゆかりは、やはり神話に言及し、この映画を次のように位置付ける。

「地球交響曲」は新時代の神話なのではないだろうか。（中略）私達は、人類に与えられた力の使い方を時々間違え、生かされている命であるということをつい忘れてしまう。生かされていることを忘れ、他の生命を貪り続け、脅かし続ける人類に、神話は、神々の住まう世界を語ることで、畏敬の念や畏怖を思い起こさせ続けてきた。

子供の頃読んだり聞かされたりする神話やおとぎ話には怖い話が多い。精神が未発達の時には、怖い話が必要なのである。他の命を頂き生き続けるということ。それをどう受け止めるのか。略奪することを正当化し続けるのか、それとも他の命と共に連綿と繋がり時間の中で生かされている命の移し替え、と謙虚に受け止めてゆくのか。神話は様々な比喩を用い、示唆を投げかけてくる。

『地球(ガイア)の祈り』21頁

我々の命は自分だけのものではなく大いなる命の繋がりの中で生かされていること、そして、我々は自然がもつ無限の叡智から多くのものを学ぶべきであること。神話は多くのことを教えてくれる。いずれにせよ、大切なことは、いつでも呼び起こせる物語りとして、それを心の中に位置付けることである。神話と共に畏怖の念を携えること、それは自己の増長を抑えることにより、来る未来社会の調和を作るため必須の価値観なのだろう。龍村と星野が命がけで創るべきだと言った神話を、現代の中に位置づけること。それは、今を生きる私たちに課された大きな宿題なのかも知れない。

想いが現実を創る

先日読んだある新聞紙上で、一つの記事に目が留まった。ソニーの元ＣＥＯ出井伸之氏が書いた一文で、それは平成時代を振り返り、バブル崩壊後ソニーを含め日本企業全体があまり奮わなかった原因を分析していた。（『ソニーがアップルを買収してたら　元ＣＥＯ出井氏に聞く』）かつて隆盛を誇ったソニーは、あのアップルさえも買収することが可能であった。しかし、その勢いはみるみる衰退した。その理由として「インターネットという時代の潮流に乗り遅れた」こと、「モノから〝情報サービス〟へ価値が移っていたのに、モノ中心の発想から抜け出せなかった」こと、などが敗因として述べられていた。つまり、日本企業は〝情報戦〟に乗り遅れたのである。昭和の時代は、品質の良い物を造れば良かった。品質保証の代名詞とも言うべき「Made in Japan」で世界に通じた。しかし平成の時代を迎え、品質もさることながら、それをいかに伝えるかという〝情報〟がより重要な要素になった。ＧＡＦＡ（Google, Apple, Facebook, Amazon）が台頭したのは、正にその象徴である。すなわち、平成の時代は〝情報〟の時代だった。しかし令和時代を迎えた現在、その〝情報〟はどうなったのか。誰でもがスマホを携帯し、瞬時にあらゆる情報にアクセスできるこの社会。情報が溢れかえり、意図的かどうかは別として、流出する多くの誤情報の中、僕たち現代人は情報の海に呑み込まれた漂流難民のようである。家にいても街を歩いていても一方的に流される情報の嵐は、僕たち現代人の思考を止め、偏った意図により流された情報は世論さえ簡単にコントロールしてしまう。現代社会において、〝情報〟は紛れもなく重要なツールであるが、令和の時代を迎えた今、人々は〝情報〟の持つこの危うさに気付き始めた。ではこれからの時代、〝情報〟に代わり社会をコントロールする中核になる存在は何か。それは、ずばり人々の〝想い〟である。言い換えれば、〝願い〟であり、〝祈り〟である。この一見して非科学的に見える人間の営為が、実は社会を動かす。これまでの時代もこの本質は変わらず存在したのだが、科学技術が発展しモノや情報が豊かになる過程で、人々はその事実を忘れていった。しかし、急速なテクノロジーの進歩や物質的な繁栄の陰で生まれた地球規模のゆがみや格差は、現代社会における価値体系そのものをもう一度見直すべきだ、と我々に警告する。モノや情報にコントロールされていた自分たちの生活スタイルを考え直すべきだ、と警告する。他方、最先端の科学領域である量子力学がもたらす近年の知見は、我々の〝想い〟が物質の根源的な在り方に影響を及ぼすことを示唆する。つまりは、我々の〝想い〟

が物質的な現実に直接影響を及ぼす可能性を示唆するのである。最先端の科学の知見が、〝想いが現実を創る〟と言い出した。モノが世界を動かした昭和の時代。情報が世界を動かした平成の時代。そして令和の時代は、〝想い〟や〝祈り〟が世界を動かす。実は30年以上前の昭和の時代から、このことを訴えていた人間がいた。人々の想いが現実を創る、と主張した人間がいた。龍村仁である。映画『ガイアシンフォニー』は、正にこの主張を描いたものだ、と僕は考える。

「人間の想像力は単なる絵空事ではない。人は心に描いた事をいつか必ず実現する。そのために〝神〟は人間に想像力を与えたのだ。」

これは、『ガイアシンフォニー第三番』に登場するフリーマン・ダイソンの言葉である。心に描いた事が未来の現実を生み出す。神はそのために人間に想像力を与えた。このフリーマンの言葉を引用しながら、龍村は〝想いが現実を創る〟ことに関して次のように述べている。

このダイソン博士の言葉の背後に、どのような科学的考察があるのかは、私には推量する術もない。しかし私にはその事が体感としてわかる。〝心に描いた事が現実になる〞という事を体験として知っている。『地球交響曲』を企画してから撮影、編集を経て完成するまでの3年間に、私はほとんど〝奇跡〞としか思えないような出来事を数多く体験した。その全てを書くことはできないが、少なくとも確率的には絶対にあり得ないような〝偶然〞によって出演者と出会い、交渉がうまくいったり、あり得ないようなタイミングで撮影が成功する事がたびたびあったのだ。もし、〝全てを知っている〈神〉が仕掛けたのだ〞という言い方を避けるとするなら、心すなわち想像力が何らかの形で現実を動かしたのだ、としか言いようのない事ばかりだった。

『ガイア・シンフォニー間奏曲』24頁

また別のところでも、次のように書いている。

確率的にはあり得ない〝偶然〞によって、その時〝想っている〞人に出会ってしまうとか、野生の鯨や象が、私の〝想っている〞事を理解しているとしか思えないような振舞いをしてくれるとか、そういった〝現実的〞体験がしばしば起こるのだ。だから私は、人間の〝想い〞

とか〝意識〟が、時間・空間の常識を超えて働くことがある、という事を経験的には知っている。

『ガイア・シンフォニー間奏曲』67頁

先にも記したように、龍村の周りで起こる数々のシンクロニシティは、〝想いが現実を創る〟という忘れがちなこの〝真理〟に気付かせてくれる。映画『ガイアシンフォニー』は、それを教えるために生まれたのだ、と僕は思う。社会がモノや情報に振り回されてゆくのを尻目に、龍村はこの〝単純な真理〟を決して忘れなかった。だからこそ宇宙の摂理は、敢えて、財力も、特別なコネクションも無い龍村仁を選び、時にダライ・ラマ法王はじめ多くの著名人なども登場させながら、この映画を創らせた。体の芯から沸きあがる如何ともしがたい表現への欲求、〝自分が想う映画を創ろう〟という純粋な意思、これしか持たない龍村仁を、神は敢えて選んだ。〝想いは実現する〟という単純な事実を示すために。

ではこの新しい元号令和を迎えた時代、僕たちは何を想えばよいのか。「百匹目の猿現象」という話がある。ある場所に住む一匹の猿が「イモ洗い」という特別な行動を始めた。この行動が仲間の猿にも広がり百匹を超えたとき、つまりある一定数を超えた時、その行動は遠く離れた別の地域の猿にも伝播した、という逸話である。つまりは、「ある行動、思考などが、ある一定数を超えると、これが遥か遠くの仲間にも伝わる」という現象である。この逸話自体の真偽は定かではないが、仮に想いが現実を創り、一定数の想いが世界に伝わるとするならば、我々一人一人の日常の思考は、この現実社会を形成するうえでとても重要になる。普段の僕たちの〝想い〟が、最終的に現実を創るのだ。では再び問う。新たな令和の時代、僕たちは何を心に想い、願い、祈れば良いのか。その答えの一つが、〝ブッシュマンの英知〟と〝ダライ・ラマの微笑み〟に隠されている。

現代人とは全く異なる価値観で生きるブッシュマンが持つ英知について、龍村は次のように書いている。

> 我々人間は、英知や知性というものを、自分の外側にある世界を理解し、いかにそれをコントロールして自分たちがより面白く、安全に便利に生きるかということに使ってきたと思うんです。つまり、「外界をコントロールしようとする知性」なわけです。
>
> 『ガイア・シンフォニー間奏曲』117頁

この「外界をコントロールしようとする知性」に対して、龍村は、もう一つの知性「受け身の知性」が存在するという。未開で遅れていると考えられているブッシュマンやアボリジニ、そして地球上に住む野生動物には、共通する「受け身の英知、知性」があると言うのだ。

我々人類の知性は陽の知性で、受け身の姿勢は陰の知性です。また、別の言い方をすれば、男性性の知性に対する女性性の知性とも言える。（中略）現在は、その2つが全くアンバランスな状態です。ここで我々がもうひとつの受け身の英知というものに気付き、ガイア全体をバランス状態に戻していくという過程の中にこそ、新たな〈進化〉があるんじゃないかと僕は思いますね。

現代社会は、この「外界をコントロールしようとする知性」に偏りすぎており、これを「受け身の英知」へとシフトさせ、全体のバランスを取ることが重要だと指摘する。

実は、受け身の英知を知っていた人たちは、敢えてテクノロジーを進歩させなかったんですよ。例えばブッシュマンの人たち。

『ガイア・シンフォニー間奏曲』１１８頁

このように述べ、この敢えてテクノロジーを進歩させなかった〝ブッシュマンの英知〟を、次のように説明する。

ブッシュマンが短い小さな矢を用いて狩りをするのは、彼らに大きな立派な弓を作る知恵がなかったからではない。大きな矢を使い一撃で鹿を殺すような狩りは、命を頂く行為として正しくない。他者の命を頂くとき、それでは余りにも安易すぎるのだ。小さな矢の弱い毒は少しずつ鹿に回り、鹿は何日も逃げ続ける。ブッシュマンは、その足跡だけを頼りに、何日も何日も鹿を追い続ける。そして鹿の方が自ら、「もういい。私の命をあなたにあげましょう」と思うようになるまで追い続ける。そしてある日、狩り人は撃たれた鹿が力尽きて倒れている姿に出会う。なぜ、そんな一見無駄とも思える狩りをするのか。ブッシュマンは、獲物を単なる食物ではなく、命を自分に移し換えてくれる存在として捉えている。獲物に対する畏敬の念を抱いているのだ。だから、強力な武器を用いて獲物を一撃で倒すような狩りをしない。一撃で倒してしまえば、相手を想う想像力さえ生まれない。獲物のあらゆる部分を無駄にしないで使うし、妊娠している母親は絶対に撃たない。そして、獲った鹿は村人全体で分ける。これが、ブッシュマンの持つ「受け身の英知」である。

命のやり取りにおいて、彼らは決して効率を求めない。そして、狩られる者への敬意を忘れない。そこには、現代人が失った大切な価値観がある。そして彼らの帰巣能力。どんなに遠く離れた場所へ移動しても、家路がちゃんと分かっている。これも、テクノロジーの獲得と引き換えに、現代人が失くした重要な能力である。今僕らが想うべきことの一つは、この「受け身の英知・知性」の復活であろう。このブッシュマンの価値観に想いを馳せること、それは現代人に求められる大切な営みだと思う。

他方、〝ダライ・ラマの微笑み〟にも僕らが想いを馳せるべき、大切な英知が秘められている。龍村はその〝ダライ・ラマの微笑み〟について、以下のように記している。

絶望を超えた者の微笑みほど優しいものはない。（中略）普通、絶望の体験がもたらす表情は暗さであり、悲しみである。ところが、ダラムサラで出会う人々にはその暗さがない。僧侶から子供達まで、全ての人々の顔に、出会う者の心をなごませる優しい微笑みがあるのだ。そして、その微笑みの頂点にあるのがダライ・ラマ法王の笑顔なのだ。彼の笑顔は、時には仏のように慈愛にあふれ、同時にまるでイタズラ小僧のようにほほえましい。法王はその笑顔で一瞬に人を魅了し癒してしまう。

『ガイア・シンフォニー間奏曲』56頁

かつてチベット本国では、中国の侵攻に抵抗した何万人もの無実の人々が拷問を受け、虐殺された。ダラムサラ、そこは中国の侵略を受け亡命したチベットの人々が、本国を逃れ寄り添いへばりつくようにして住んでいる土地である。そのダラムサラに在って、ダライ・ラマ法王はなお笑顔を絶やさない。龍村は、ダライ・ラマ法王のあの一瞬にして人を魅了する笑顔こそ、正に仏性の現れそのものだ、と書いている。そして、その微笑みこそは、未来をより良き方向へ変え得る力だと言う。

龍村は、現代社会を脅かす様々な問題の原因は、対立する二つの価値観のアンバランスに起因すると考える。そして、ダライ・ラマ法王にガイアシンフォニーへの出演を依頼した理由を次のように説明する。

法王こそ、今地球の全ての人々が直面している二つの価値観の対立を超える〝第三の道〟を人々に示し、身をもってその道を生きておられる方だからだ。

龍村が言う二つの価値観の対立とは、こうだ。

二つの対立する価値観とは、例えば物質文明と精神文明、西洋と東洋、科学と宗教、男と女、生と死、民族主義と国際協調、といったものだ。この対立する二つの価値観を自分自身の内部に持っている、というのが人という種の本質的な特徴なのかもしれない。人は必ず物質的な豊かさを求める。自分が生きる環境を、今より楽で安心できるものに変えてゆこうとする。（中略）この性質が、科学の進歩を促し、それが現代の物質文明を生み出したのだ。しかし、この性質は必ず〝他者との競争〟という事と〝外の世界を自分の都合に合わせて変える〟という事を伴って発揮される。20世紀は人類のこの性質が、異常な勢いで発揮された時代だと言う事ができる。

この性質は、先に議論した「外界をコントロールしようとする知性」と置き換えることができる。

一方、人は必ず精神的な豊かさを求める。自分はなぜ生まれ、なぜ今ここにいるのかを知ろうとする。この問いの中で人は必ず自分ひとりの命を超え、人智を超えた偉大なるものの存在に気付く。その気付きの中から豊かな精神文明が生まれる。その時人は競争よりも共生を選び、外の世界を変えるより受け入れる方を選ぶ。しかし、その分、物質的な豊かさは増さず、テクノロジーの進歩も遅くなる。

『ガイア・シンフォニー間奏曲』57頁

そして、この人類の営みこそ、ブッシュマンが持っていた「受け身の英知」である。20世紀は、この「受け身の英知」が蔑ろにされた時代だった。

20世紀は、この人類の持つもう一つの性質が抑圧され、虐げられてきた時代だと言う事ができる。そして、今私達が直面している苦難や混乱のほとんどが、この二つの性質、二つの価値観のアンバランスから生まれている。環境問題しかり、民族問題しかり。このアンバランスを修正する事が、全人類の緊急課題である事は言うまでもない。しかしそれはどのようにして可能なのだろうか。一方の価値観で、もう一方の価値観を否定してもそれは解決にはならない。なぜなら、物質的な豊かさを求めるのも、精神的豊かさを求めるのも共に、人という種の持つ〝自然〟の性質なのだから。

そして龍村は、この二つの価値観の融和こそ現代人に求められる大きな課題であるとし、ダライ・ラマ法王の微笑に希望を見出すのである。

『ガイア・シンフォニー間奏曲』57頁

愛と非暴力を前提に35年間続けられて来たダライ・ラマ法王とチベット人民の抵抗運動は単に中国・チベット間の領土問題ではない。21世紀を前に、私達人類が、二つの対立する価値観のどちらかを選ぶのではなく、その二つの価値観を融和させる〝第三の道〟に踏み込むことができるか否かの、大きな実験であるような気がする。

『ガイア・シンフォニー間奏曲』61頁

以上の議論は、21世紀を間近に控えた20年ほど前になされたものであるが、21世紀が明け令和時代を迎えた今、この龍村の願いはそのまま現代にも通じる。力に頼るのではなく、愛と微笑みで社会に調和を呼びかける。それは一見無力のようにも思えるが、僕らの精神に静かに浸透し、それがある一定のレベルに達すれば現実に影響を及ぼす。

想いが現実を創るなら、我々現代人は今、ブッシュマンにしろ、ダライ・ラマ法王にしろ、国際社会からみれば一見して〝弱き者〟、〝物質的な力を持たない者〟が備える英知・知性に想いを馳せる時かも知れない。物質的繁栄に傾き過ぎた価値観、効率を求めすぎた価値観を見直し、力に頼るのを控え、愛と非暴力で他者との調和を想い、願い、祈る。そんな生き方に今、思いを馳せるべき時ではないだろうか。そして祈りのベースには、何にも増して明るい未来、調和のとれた平和なガイアの姿を、強くはっきりと心に描くこと。それこそが、何よりも大切な営みだと思う。

自然は心を持っている

自然は心を持っている。このごく当たり前の事実を、僕たちはしばらく忘れていた。自然は心を持っている。だから僕たち人間は自然と会話をし、心を通わせることができる。映画ガイアシンフォニーは、潜在意識に眠るこの記憶を思い起こさせてくれる。

かつて人が、花や樹や鳥たちと本当に話ができた時代がありました。その頃、人は自分たちの命が、宇宙の大きな命の一部であることを誰もが知っていました。太陽を敬い、月を崇め、風に問ね、火に祈り、水に癒され、土と共に笑うことが本当に生き生きとできたのです。ところが最近の科学技術のめまぐるしい進歩とともに、人はいつの間にか、『自分が地球の主人であり、自然は自分たちのために利用するもの』と考えるようになってきました。その頃から人は、花や樹や鳥たちと話す言葉を急速に忘れ始めたのです。人はこのまま自然と語り合う言葉を、永遠に忘れてしまうのでしょうか。それとも科学の進歩と調和しながら、もう一度、その言葉を思い出すことができるのでしょうか。

本書の冒頭で紹介したこの龍村仁の言葉ほど、映画ガイアシンフォニーに込めた龍村の想いをストレートに語るものはない。確かに、森羅万象と心を通わせるこの力を再び僕たちが身に付けたなら、今の社会に横たわる多くの問題に光が差してきそうな気がする。現代社会に山積する多くの問題は、自然と人間を全く別のものとして捉える二元論に起因すると思えるからだ。龍村は、この記憶を甦らせるために多くのメッセージを投げかける。

例えば、龍村が3分CMで取り上げた宮大工の西岡常一さん。彼は、樹と話ができる。西岡さんは、千三百年前の飛鳥時代の工法を守って、薬師寺の三重の塔・西塔の再建に成功した人である。ところで、薬師寺の建築物は飛鳥時代の宮大工がもつ不思議な力によって建てられたのだが、それに関して龍村は以下のように書き記している。

薬師寺には、再建された西塔と向き合って、千三百年も前に建てられた東塔が今も美しい姿で立っている。実は、地上33・0メートルにもなるこの美しい東塔は、釘も接着剤も一切使わずに組み立てられている。しかも、外部からみると左右均衡の美しい姿を保つこの塔を、内部で支えてる1本1本の部材がみな、それぞれ形や大きさが違っている。現代建築の〝常識〟からみると、これは奇跡に近いことなのだ。

もし我々が現代の〝常識〟で東塔のような左右均衡のシンメトリーな建物を造るとすれば、必ず、左右の同じ部分を支える部材は、同じ大きさ・同じ形・同じ材質のものを用意するだろう。そうしなければ、左右のバランスがとれず、塔はたちまち崩壊してしまう、と思っている。ところが、東塔の場合は1本1本の部材がみな違っている。それでいて、見事なシンメトリーな姿を保ちながら千三百年という歳月を立ち続けているのだ。

『エッセイ：命の移しかえ』

この匠の業の奥義に潜む力を、龍村はこう考える。

こんな不思議なことができたのも、飛鳥時代の宮大工さんたちが、みな〝樹と話ができた〟からなのだろう。

そして、この力を忘れた現代人を次のように分析する。

我々現代人は、樹を単なる〝モノ〟と思っている。樹を自分たちの生活に有用な〝材料〟と思っている。そこに現代人のどうしようもない〝思い上がり〟がある。この〝思い上がり〟が、現代の地球環境破壊をつくり出し、自分自身も含めた地球のすべての生命の危機をもたらしている。

樹は単なる〝モノ〟や〝材料〟ではない。私たち人間と同じように、〝心〟も〝感情〟も〝意志〟も、そして〝個性〟も持っている生命なのだ。その〝心〟に触れ、それぞれの〝個性〟を知った時、初めて塔が組める。「塔組みは樹のくせ組み、人の心組み」西岡さんは塔を建てると言わず、塔を組むと言う。（中略）

複雑な構造を持つ社会が全体としてハーモニーを保つためには、部分（個性）はみな、同じ大きさ・形・材質でなければならない、という発想が個々の生命の多様性を殺してきた。しかし、この〝塔組み〟の発想は、部分（個性）の生命を生かすことこそ、全体の〝生命〟を生かし続けることだ、ということを教えてくれる。

『エッセイ：命の移しかえ』

個々が示す多様性、それを基にして立つバランスと共生。この調和こそが個を育み、全体としての生命を生かす。口で言うのは簡単で、実現するのはとても難しい現代にも通じるこのスローガンを、飛鳥時代の塔が無言で語っている。龍村は、そう言いたいのだ。そして、この奇跡に近い調和を生み出す基になるのが、樹と会話する能力。つまりは、個々の樹と心を通わせ、その事情を汲み取る能力。全ては、〝自然は心を持っている〟という単純な事実に気付くことから始まる。

龍村によれば、西岡さんの口癖は「塔を建てるという営みは〝建築〟ではなく〝命の移しかえ〟なんです。」だそうである。切られて塔の一部になる小さな木々にも、一つ一つの命が宿る。西岡さんは、そう言いたげである。

実は、かく言う龍村自身も時に樹と会話をする。そのことに関し、以下のように書いている。

> 私はいつもの場所に向かう。樹齢四百年の大きな楓（かえで）の樹の下だ。もう、十年以上、私はこの樹を「私の樹」だと思っている。（中略）その大樹の下に行って、まずあいさつをする。樹にあいさつをするのに言葉はいらない。両手で直径三メートル近くもある太い幹にソッと触れる。その時、手がコトバを発するものであることを知っておいたほうがよい。手に

は私たちが口から発するどんな言葉よりも、深い心のヒダを相手に伝える力がある。手で触れるときの繊細な触感が、どれほど相手の心をなごませるかぐらいは誰でも知っていることだろう。それに、手には相手の心を聴く〝耳〟さえある。

まず、両手でソッと樹の幹に触れ、それから全身の力を抜く。肩や背中に滞っている見えない力を意識的に抜いて、体全体が一つの共鳴体になるような状態をつくる。すると、手が鼓膜になるのだ。手が鼓膜になり、全身が共鳴体になって、樹の微細なコトバが増幅されてくる。そのコトバは私たちの言葉ではない。だから私たちの言葉に直接翻訳するのは不可能だ。それでも樹はコトバを発している。あいさつを返してくれている。そのコトバを、共鳴体になった私の全身の細胞の一つひとつが震えながら聴いている。ふだん私たちは、自分の身体の中に細胞という約六十兆個もの独立した生命が宿っていることなどほとんど意識しない。ところが樹のコトバは、その細胞の一つひとつに語りかけ、一つひとつに独自の振動を与えてくれる。自分の身体の内部で、約六十兆個もの細胞が一斉に震え、歓喜の叫び声を上げるときの幸福感はどんなものにも比べられない。自分も、この大樹の属している大きな生命の世界に属していることを自覚できることへの感謝でいっぱいになるのだ。

龍村は、手のひらの皮膚を通して樹と会話をする。自身の想いを伝え、そして樹の想いを受け取る。その時、龍村の全身の細胞が静かな喜びに満たされる。そう、龍村自身はかつての人々が持っていたあの力を今も忘れていないのだ。しかし考えてみれば、この力は誰にでも備わっているような気がする。森でブナの大木に出会ったとき、僕は思わず頭を垂れてしまうことがある。有難い気持ちに満たされる。辺りに誰もいなければ、無言でそっと樹を抱えてみる。その時、確かに掌が何かを受け取る感覚があるのだ。気功の練習をすると、掌にある種の暖かさを感じるが、それに近い波動のようなものを確かに感じる。そしてその時、何とも言えない静かな幸福感に満たされる。会話をするのに、必ずしも言葉は必要ないのかも知れない。自然界の多くの存在達は、おそらくコトバを使わずに気持ちを伝えあっている。僕は本当にそう思う。僕たちは、自分にも備わるこの力のことを普段忘れているだけなのだ。

ガイアシンフォニー第一番で取り上げられた一万五千個も実のなるトマトの巨木。ここにも、〝自然が心を持っている〟ことを思い出させてくれるストーリーが見える。この奇跡のトマトが育つ理由、それは正に〝トマトが心を持っている〟からだ、と育ての親、野澤氏は

『地球（ガイア）をつつむ風のように』２３８頁

言うのである。龍村は著書の中で、以下の野澤氏の発言を紹介している。

「遺伝子操作など一切なしに、一万五〇〇〇個も実のなるトマトの巨木が育つ理由を今の科学はうまく説明できない。それは、科学が生命を物質的な側面からしか見ていないからだ。全ての生命は〝心〟を持っている。普通のトマトが最大で六〇個ほど実を付けた後、枯れて世代交代してゆくのは、トマトが自分の〝心〟で今与えられている環境条件を判断し、自分で選んでいる生き方なのだ。だから、環境条件が変われば、トマトはその条件の変化に合わせて、自分の生き方をどんどん変えてゆく。（中略）特に、成長の初期段階で（芽を出す時）、環境条件を少しだけ変えてあげれば、トマトは「今回はドンドン大きくなっていいんだ」と自分で判断して成長速度を一気に速め、一万五〇〇〇個も実のなる巨木に自然に成長するのだ。トマトも〝心〟をもっている」

『地球（ガイア）の祈り』154頁

当たり前のことだが、植物も心を持っているのだ。先に紹介したように、龍村がヨーロッパから帰るのを待って、その姿を十分に撮らせた直後に実を落としたトマト達の行動は、彼らが心を持っていると考えなければ、その現象を説明できない。

トマトではないが、農薬も肥料も一切使わない〝奇跡のリンゴ〟を育て上げた木村秋則氏も、同じことを言う。農園を襲う台風を前に、「がんばれよ」と彼が声をかけたリンゴの樹は倒れずに残った。広大な農園の全ての樹に声をかけることはできず、木村さんの声が届かなかったリンゴの樹は倒れてしまった。リンゴの樹も、人の想いを理解するのだ。

どのようなメカニズムで、僕らは自然と心を通わせることができるのか。それを、現代科学はきちんと説明できない。現代科学とは、それだけ未熟な存在なのである。そして「想いが現実を創る」という事実を考えれば、そんな説明すら本来不要なのかも知れない。一方で、自然と人が繋がっているという事実は説明できる。そもそも、この宇宙に存在する全ての物質は繋がっているのだ。それを龍村は次のように説明する。とても美しい文章なので、僕などが口を挟まずに、少し長いがそのまま引用する。

私たちのからだをつくっている物質の最小単位、例えば心臓の細胞をつくるタンパク質の中の炭素原子や、肋骨をつくるリン原子など、すべての原子は〝私〟の所有物ではない。2百億年前のビッグバン以来、この広大な宇宙に生まれた原子の1個が、ある時は彗星の一部になり、ある時は水になり、ある時は木になり、草になり…、という生死を繰り返しながら、空気や食べ物を通して、今たまたま私のからだの中に入って〝私〟を構成しているだけなのだ。その原子たちも、私が流した涙となってため息となって、また〝私〟の外に出てゆく。

人間のからだをつくっている物質は、5年間ですっかり入れ替わってしまう。人間のからだは、宇宙から来て宇宙へ還ってゆく〝宇宙物質〟の通り道でもある。

今、私の目の前で春の陽光を浴びて輝く緑の若葉の中に、かつて私のからだの中にあった原子の1個があるかもしれない。今、脈打っている私の心臓の細胞の中には、かつてお釈迦様がクシャミをした一瞬に飛び出した原子の1個が入っているかもしれない。

そう思うと、新宿御苑の楓の木も、アフリカの象のエレナも、カナダの鯨たちも、室町時代の一休さんも、10億光年の彼方の星たちも、惑星探査宇宙船ボイジャーが出会うかもしれないETも、そして、これから生まれてくるすべての生命も、みな仲間なのだ、ということが実感としてわかる。

『エッセイ：宇宙のささやきが聞こえる』

この感覚を自身の体感として語るのは、ガイアシンフォニー第一番に登場するラインホルト・メスナーだ。メスナーは世界に14座ある全ての８０００m峰を無酸素、単独で登った世界有数の登山家である。メスナーはこう語る。

「私は、自分が大きな自然の一部であるということを強く感じています。私と草や木や水や岩との間には実は何の区別もない。みな大きな生命力の流れの中で、今たまたま私であったり、草だったり岩だったりするだけなのです」

『地球（ガイア）をつつむ風のように』２２２頁

原子のレベルで見れば、全ての存在は繋がっている。近年、量子力学もこの事実を説明する。だから、人間はこの世の全ての存在と心を通わすことができる、という事実もまた素直に納得できるのである。自然は心を持っている。

直感

龍村が重要な決定を下す時に直感を大切にしている、というのは既に書いた。この龍村の言う〝直感〟と、現代人が失くした〝自然と会話する能力〟との間に、本質的に同じモノが潜んでいるように、僕には思えてならない。つまりは、科学、理屈、合理などの価値観の下、日常から追いやられてしまった大切な人間の力である。それを僕らが取り戻す意味でも、ここで再度、龍村の言う〝直感〟を考えてみたい。

それは龍村が四十代の頃、スタッフと共にアフガニスタンの砂漠を旅した時のことである。音楽をテーマにし、世界を旅するドキュメンタリーの撮影だった。その時の様子を次のように書いている。

その崖（城壁）の上に立ち、砂漠に沈んでいく夕日を眺めていた時、突然、鳥肌が立つような衝撃が身体の中を走った。

誰かに見つめられているような気配だ。
大勢の人々の叫び声が背後から迫ってくるような気がした。振り返ってみると、長く伸びた自分の影が崖下の砂漠の上にあるだけで、もちろんほかに何も見えない。（中略）しかし、その時すでに私は、この場所を撮影しようと心に決めていた。なぜこの場所を撮影するのか、いかに撮影するのかを考える以前に、そのことが決まっていたのだ。

『地球（ガイア）の祈り』２５８頁

龍村は、砂漠に沈む夕日を見て撮影場所を決めた。直感である。

客観的な資料や情報ももたず、いわば「直感」だけで撮影場所を決定してしまうことは、確かに失敗する危険もある。しかし、映像作品をつくる時には、その逆のことのほうが多い。資料やデータに頼りすぎると映像作品が生気を失う。映像が、あらかじめ知的に確認された事柄の視覚的実証という役割を担うだけのものとなり、映像がもつ最も魅力的な力、すなわち、見えないものが見え、聞こえないものが聴こえてくる力が失われる。

『地球（ガイア）の祈り』２５９頁

映像が生き生きとした生気を宿すには、データではなく直感による判断が必要だと龍村は言う。直感を駆使し創り上げた龍村の映像からは、見えないものが見え、時に聞こえないものが聴こえるようになると言う。それは、おそらく僕らの想像力に拠るのだろう。つまり龍村の映像は、作り手だけで生み出すのではなく、受け手も同時にその創造過程を担う。想像力に拠る創造である。映像を観るという行為は、双方向のコミュニケーションなのだ。そしてこのような両者の関係を構築するために必要なのが、作製過程での直感だと言うのである。

さらに龍村は直感のもつ力について、次のようにも分析している。

別の言い方をするなら、「直感」的にとらえたことのなかには、資料やデータによって客観化できる情報量よりもはるかに多くの、ある意味では無限の「情報」が未分化のままに詰まっている。その「情報」を一瞬に解放させるのが「直感」なのだ。だから映像作品をつくる者は、その「直感」力を磨きつづけなければならない。

『地球（ガイア）の祈り』259頁

直感の持つ情報量。それは、資料や知識として蓄積されたものの比ではないと言う。そして、知的な情報の危うさについて、次のように書く。

人間は多くの場合、知性によって「直感」力を鈍らせている。知的に理解したことによってのみ世界を見ようとする。だから、一〇の事柄を知っている人より、一〇〇の事柄を知っている人のほうが優れている、と思いがちになる。そして、情報量を多くもっている者が勝ち、という社会的風潮が生まれる。

それは一面の真理だけれども、本質的ではない。

『地球(ガイア)の祈り』260頁

なぜ、それは本質的ではないのか。

つまり、「仮に目の前に生起する出来事すべてが客観的に理解できる因果関係によって起こっているとしても、その目の前で現実に起こっている現象を生み出した因子の数は、ほとんど無限に近く、それを高が100や1000程度の因子のみ分析して、わかったような気になることは、とても幼稚で傲慢なことなのだ」と龍村は言いたいのだ。

確かに僕たち現代人は、この世界で繰り広げられる様々な事象を、自身が持ち得る限られた僅かな知識で説明し、さも分かったような顔をしている。知識がもたらす情報量の限界も考えずに。直感の持ち得る限りない可能性も考えずに。その危うさを龍村は指摘するのだ。

話は変わるが、自身の考える〝ドキュメンタリー〟に関して、龍村は以下のように書いている。すなわち、ドキュメンタリーとは「無限に変化し、無限に多様である現実の生命や自然に出会い、そこから、永遠なるものを描き出そうとする営み」（『エッセイ：ドキュメンタリー』）であると。龍村のドキュメンタリーは表面的には人を中心に描かれているが、その意図は、それぞれの人間を通して見える森羅万象の永遠性を描こうとしている。ガイアシンフォニーを観て、それぞれの登場人物の仕事は全く違うのだが、僕らはそこにある種の共通性、永遠性を感じることができる。その理由は、龍村のこの意図を僕らが無意識に感じ取っているからかも知れない。この前提の上で、龍村は次のように語る。

しかし、その無限に変化し、多様であるものの中から永遠の真実を描き出すためには、作る側の私たちの姿勢が厳しく問われる。いかに既存の価値観や固定観念にとらわれずに、やわらかく豊かな感受性をもって現実の中の真実を発見できるかが、良いドキュメンタリーを作れるか否かの鍵になる。

『エッセイ：ドキュメンタリー』

ドキュメンタリーには、既存の価値観にとらわれない柔軟な感受性が必要だと言うのだ。それが無ければ、現実の中の真実を発見することができないと龍村は言う。ところで、〝現実の中の真実を発見する〟とはどんな意味だろう。それはおそらく、〝森羅万象の永遠性を描くこと〟と同義なのだ。しかしそもそも、そんなことができるのだろうか。〝できる、できない〟ではなく、龍村のドキュメンタリーは、それを指向している。そして、この営みの背景に必要なのがおそらく直感なのだろう。そしてこれは先にも書いたが、直感を磨くこと、つまり〝現実の中に真実を見る〟ために必要な心構えを以下のように述べている。

もちろん、そのために可能な限り勉強もする。知識や情報も収集する。しかし、その前もって得た知識や情報によって、相手を判断、分析するのではなく、その知識や情報をいったん可能な限り捨てる。捨てて、可能な限り空っぽの器になる。前もって勉強した知識や情報はその器を大きくし、やわらかくし、敏感にするのに役立つ。しかしそれはあくまで捨ててこそ役に立つ。

撮影時（出会いのとき）に、いかに自分がやわらかく、敏感で空っぽの器であり得るかが、無限に多様で変化する現実の中から真実を発見する鍵である。

『エッセイ：ドキュメンタリー』

勉強して得た知識を捨てる。調べて得た情報を敢えて捨てる。勉強や情報収集のプロセスは知識の獲得ではなく、それらを保存する器を育てるためにこそ必要だ、と言う。そしてその器は、柔らかく、できるだけ空っぽの方が良い。その空っぽの状態をできるだけ維持し、龍村とスタッフは撮影を行う。

余談になるが、この考えは現代の教育にも通じる。現代の教育は、知識や情報の詰め込みに偏りすぎる。多くの子供たちは知識の収集に躍起になり、その小さな器は集められた情報でパンパンに膨れ上がり、夢や想像が入る余地などどこにもない。それで果たして良いのだろうか。龍村は言う。

「器」づくりこそ、成長期の子供たちに与えるべき教育なのだと思う。そんな教育をしていたら、たくさんの「知識」を獲得しなければならない時代についていけなくなる、と心配する人もいるだろう。心配する必要はない。

　繊細で柔軟で空っぽの「器」をつくるとは、好奇心にあふれる人間になる、ということだ。生命力にあふれた人間、といってもよい。そんな「器」は、自分が本気で面白い、と思ったことに出合ったときの集中力が人一倍にすぐれている。


『地球（ガイア）をつつむ風のように』128頁

　龍村は、柔軟な器と好奇心があれば大丈夫だと言う。そんな子供は、自分が興味を持てる対象に出合ったとき、人一倍すぐれた集中力を見せる。だから、大丈夫だと言う。そんな子供の方が、自分らしい人生を自分らしく生きてゆけるに違いない。日々をワクワクしながら、過ごしてゆけるに違いない。やがて成人した時も、その方が魅力的な存在に成長しているだろう。「Personal definition of success」という言葉がある。成功の意味は個人が決めればよい。まさに龍村の人生そのもの。社会には、個性に満ちた多様な人間が必要なのである。

　龍村のドキュメンタリーにシナリオはない。その代わりに、「なぜ、今この作品をつくるのか、何のためにつくるのか、一人一人の出演者の中に何を見ようとするのか、そういった根源的なことに関する共通の理解と確認のための対話」を徹底してやる。その上で、できるだけその自発性を開放し、直感的にこれは面白いと思ったことは可能な限り撮って行く。それらのプロセスの結果を、龍村は次のように書いている。

面白いと直感的に感じたときには必ず、テーマにつながる何かがある。撮影の段階でその意味がみえていなくとも、編集を通し、誰にでもわかる普遍的なものになってくる。

『エッセイ：ドキュメンタリー』

結局、直感により撮影された映像こそは、最終的に映画のテーマにつながる重要な意味を担うというのだ。このような龍村の思考や振る舞いに接する時、思い浮かぶのは、天衣無縫という言葉である。龍村は、直感を自由に駆使し天衣無縫に生きているようだ。

この映画のタイトル「ガイアシンフォニー」の由来となった、ガイア理論を提唱したのは、ジェームズ・ラブロック博士である。博士が直感について書いている次のエピソードは面白い。収穫だけを考えて単一作物だけ植え続けると、やがてその土地は荒廃する。ある時ラブロック博士は荒廃した農園を買い取り、その土地に多様な植物を植える試みをした。その土地本来の、豊かな生態系を取り戻そうという試みだった。しかし博士は、思いもよらぬ失敗をする。植えた二万本の若木達が育ち始めたころ、沢山のリスたちがこの土地に帰ってきた。それ自体は素晴らしいことなのだが、そのリスたちが若木の幹をかじるため、植えた木のほとんどが枯れてしまったのだ。この土地の気候風土を研究し、牧草地になる前のかつての森の植生を調査し、植林の専門家たちと練り上げた計画はものの見事に失敗した。ところがしばらくすると事態は急転する。リスのために木が枯れた空き地に、博士が植えたはずのない樹木や草花が生え始め、さらには様々な虫や鳥、動物達が姿を見せるようになった。実はリス達は、博士が予想もしなかった多くのものを運んできたのだった。森は博士の予想をはるかに超えた豊かな生態系を取り戻し、森を流れる川には記録上でしか確認されていない鮭さえも戻り始めたのである。この時の経験を踏まえ、博士は次のように述べている。

「失敗を恐れずに挑戦し、実験する。しかし、失敗に気付いた時、その失敗からこそ最も貴重なものを学び、自らの考え方を修正する。その時、自分に勇気を与えてくれるのが、生命という計り知れない神秘と美しさに満ちた仕組みに対する畏怖の想いだ。それは、後天的に獲得した知識の産物というより、自分の生命そのものが根源的に持っている〝直感〟のようなものだ。新しい時代の科学的叡智は、この無意識のレベルの〝直感〟から生まれてくる。〝直感〟として理解したことをまず三年間かけて自分自身に科学的に説明し、それから同志達に五年間かけて説明する。それが私の科学者としての生き方だ」

『地球の祈り』77頁

失敗から学び、自らの考えを修正するための勇気をくれるのは、生命という神秘に対する畏怖の想いだと博士は言う。さらにその畏怖の想いとは、根源的に持っている直感のようなものだと言う。そして博士は、科学的叡智や発見もこの直感によってもたらされると言うのだ。つまり、科学的叡智は論理的な思考より生まれるのではなく、まず先に直感によって与えられ、それを説明するために後から論理的思考を用いると言うのだ。ガイア理論も、博士の直感によって生まれたに違いない。そして、これまで何年かかったのか、僕らは今、その理論を理解している。論理的な背景はともかく、直感として、その正しさを体感している。つまりは、ガイアは生きている、ということを深く魂で理解しているのである。

物事の本質を見極める上での直感の重要性。限られた知識や情報がもたらす判断の危うさ。

我々現代人は、この事実を再認識すべき時にきているのだと僕は思う。

善なるもの

龍村仁監督の思想を語るうえで、ダライ・ラマ法王の存在は欠かせない。法王はガイアシンフォニー第二番に出演し、さらに龍村作製のテレビ・ドキュメンタリー『未来からの贈りもの〜この星を旅する物語』にも重要な役割で出演している。因みに、このドキュメンタリーは日本の放送文化の向上に資するものとされ、ギャラクシー奨励賞を受賞した。星野道夫もガイアシンフォニー第三番に出演し、このテレビ番組に出演している。そして、星野も法王も龍村の著作にたびたび登場し、その思想や人間性は龍村の思考と溶け合い、僕らに貴重なメッセージを授けてくれる。星野道夫が魂の兄弟ならば、ダライ・ラマ法王は龍村の精神的支柱、魂の父ともいうべき存在なのだろう。

ダライ・ラマ14世に関しては、今さらここで説明するまでもない。チベット民族への中国の不当な弾圧に抗い、インド北部のダラムサラにおいてチベット亡命政権を樹立し、その元首としてチベットの自由化、民族の解放、世界平和を求め活動を続けている。その非暴力による民族解放運動、宗教間の相互理解への提言、国際的な環境問題への貢献などが評価され、1989年にはノーベル平和賞を受賞した。しかし考えてみると、世界的に見ればまったく無名な一介の映画監督が、ノーベル平和賞を受賞するような法王と如何にして接点を持つことができたのか。そこが不思議であり、また偉大な存在にも臆せず対峙する龍村らしいところである。答えは龍村の姉、龍村和子にあった。姉の和子が法王と龍村を繋いだのだ。ニューヨーク在住の龍村和子は、元々ピアニストであったが後に東洋と西洋の文化交流促進のための活動を始め、その一環で1972年に〝失われたチベット民族オペラ〟を探すためにダラムサラに出かけ、そこでダライ・ラマ14世に出会った。この姉から授かったご縁で龍村と法王の交流が始まり、法王はガイアシンフォニー第二番に出演することになったのだ。

ダライ・ラマ法王は、「人間の究極の本性は慈悲と利他の心である」と説く。思索するような難しい顔ではなく、人懐っこい微笑みを以って説く。その説法は、乾ききった喉が求める甘露水のように人々の心に染み渡る。その様子を龍村は次のように書いている。

　その時の法王の印象を一言でいうなら、出会った者の魂を一瞬にして癒してしまう素晴らしい笑顔だった。時にまるでイタヅラ小僧のように屈託がなく、それでいて無限の優しさを秘めた笑顔である。法王はいつも人の眼をまっすぐに見て笑われる。その微笑む法王の眼に見つめられて、ふと気が付くと、私のからだの全細胞が解き放たれて笑っている。真の仏性とは、こんな微笑みのことを言うのだな、とつくづく思った。

『地球(ガイア)のささやき』228頁

微笑んでいる時に不幸な人間はいない。つまり、法王の微笑みは聴いている人間を幸せに導く。龍村の言うように、これこそが仏性の本質なのだろう。

人間は善なる存在である。愛に満ちた存在である。これは、映画ガイアシンフォニーが伝える重要なメッセージだと僕は考える。龍村は恐らくそんなことを意識していないのだろうが、そもそもガイアシンフォニーを支える自主上映という営みは、市井の人たちの善意が無ければ成立しない。同時に、人間は時に間違いを犯す存在でもある。それが色々な形で現代社会に投影され、多くの不幸や矛盾を生んでいる。しかし、矛盾や問題を孕んだ現状を顧みてより良い未来を模索する、それこそが人間の本質だと思う。だから龍村は、ダライ・ラマ法王をガイアシンフォニーに出演させた。以下の発言は、龍村が司会を務めたイベント『科学と仏教の対話』で法王が述べた言葉である。

「人間として生まれた限り、たとえヒトラーのような人物にさえ、〝他者を思いやる心〟、すなわち『慈悲の心』は必ずあるのです。ビンラディンだってそうです。ただ、その心が後の教育や環境によって押し殺されて、今のような行動に駆り立てられるようになったのでしょう。

だから全ての人の中に慈悲心があることを疑ってはなりません。たとえその人の行動の九〇パーセントが〝悪魔の業〟のように見えたとしても、残りの一〇パーセントの中に必ず、〝善き心〟があります。その九〇パーセントの部分に囚われるのではなく、残りの一〇パーセントの部分に語りかけ、忍耐づよくその人の話を聞くことが大切なのです。それは確かに辛く苦しいことです。しかし、その苦しみこそが、自分の本性である慈悲の心を育て、ひいては相手の行動を変えてゆくことにも繋がるのです。」

『地球（ガイア）の祈り』148頁

ホロコーストを生んだヒトラーでさえ、テロリストの象徴ビンラディンでさえ〝慈悲の心〟を持っている、と法王は説く。だから、その僅かに宿る〝慈悲の心〟に訴えかければ、必ず通じる部分がある、と法王は説く。悪意の部分を捉えて攻撃する方が遥かに楽で簡単なのだが、そこをグッと堪えて相手の慈悲の心に呼びかける。そのことで、自身の慈悲心も育まれる。法王は、自分と敵対する存在こそ、自分を成長させてくれる有難い存在である、と説くのだ。

「力によって問題の解決を図ることは、短期的には成功したように見える場合もありますが、決して人類全体の利益にはならない。必ず世代を超えた遺恨を残すことになるからです。

人類の社会は今のような時代でさえ、普通の人々の圧倒的な〝他者を思いやる心〟によって成り立っているのです。それが人間の本性だからです。そして、今のような時代だからこそ、我々一人ひとりが慈悲心を育てる努力をより一層高めなければならないのです」

『地球(ガイア)の祈り』１４９頁

力による解決は、一時的には有効に見えても次世代に禍根を残し、第二第三のビンラディンを生む。慈悲心による相手への思い遣りが根底になければ、根本的な和解は生まれない。そして、〝他者を思いやる心〟こそ人間の本性である、と説くのだ。

法王に会っている人々の表情は、たぶんその人の生涯で一番いい笑顔になっている。法王の微笑みが、瞬時にその方に遷(うつ)っているのだ。難しい教義を説かなくとも、微笑みを一瞬に他者と分かち合う力こそが「真の仏性」なのだろう。

『地球(ガイア)の祈り』149頁

人間の本性は〝他者を思いやる心〟だ、と法王は言われる。本性に従うとき、人間はそこに喜びを見出し、それは笑顔を生み出す。笑顔の時、不幸な人はいない。〝他者を思いやる心〟とは、結局自分を幸せに導く心なのだろう。

龍村が一連の映画ガイアシンフォニーを通じて、そしてダライ・ラマ法王を通して投げかけるもう一つの重要なメッセージ。それは〝輪廻転生〟という真実、〝目に見えない大いなる存在に生かされている〟という人間の実体、だと思う。そのことに関し、龍村は次のように書いている。

チベット密教の教えでは、死はこの世の終わりではない。永遠の生命が古い衣を一枚脱ぎ捨てただけの話である。輪廻転生の考え方も、色即是空・空即是色の教えも、ここでは古い宗教観などではなく、科学技術の進歩した今の時代にこそ思い出さねばならない宇宙の真理であることが実感としてわかってくる。私は、『地球交響曲』や『宇宙からの贈りもの』の製作を通じて世界の数多くの科学者たちに会い、ますますその確信を深めて来ている。

『地球（ガイア）のささやき』２３６頁

そうなのだ。人は輪廻転生している。何度も生まれ変わっている。これは龍村というよりも僕自身が普段から意識していることなのだが、〝人は輪廻転生している〟と考えた方が、この世の仕組みは遥かに合理的である。専門的な研究の話になるため詳細は割愛するが、トランスパーソナル心理学の知見の多くは、人が生まれ変わっていることを示唆している。一方、人間に備わっている倫理的側面から考えても、人は輪廻していると考えた方が納得できる。人が死んで全てが無になるのであれば、人はどう生きようが、世の中がどうなろうが、それは大した問題ではなく、人は刹那的にその一瞬の享楽に興じ、この人生を謳歌すれば良いことになる。生きることが苦しいなら簡単に死ねば良い。たとえ凶悪な罪を犯しても、死んだら全てがご破算。その瞬間に、自分という存在も、世界も無くなる。仮に自分の行動が残された人々に影響を及ぼしたとしても、所詮彼らが死ぬまでの話だ。死んで無に帰するなら、それは大した問題ではない。従って、死んだら全てが無に帰するという視点で見ると、倫理的な行動規範などあまり深い意味を持たないことになる。しかし、一人一人が利己的な行動に走り刹那的な享楽を追求すれば、世界が調和を保ち人々が平和に暮らすことなど不可能だ。やはり、それは違うのだと思う。宇宙の摂理がそんな風にこの世界を創ったと考えるのは、とても不合理である。自分の取った行動は、それが善行であれ悪行であれ、やがては何らかの形で同じものが自分自身に還元される。繰り返される輪廻の中で、あるいは今生の人生の中で、何らかの形で自分自身に返ってくる。そう考えれば、他者を傷つけることはできなくなる。なるべく善行に励み悪行は控える。利他を志し利己を慎む、という発想が生まれる。こう考えた方が、この世界は遥かに合理的である。龍村が示唆するように、科学者はその合理性に気付いているのだ。さらに、龍村は言う。

古代からの宗教の叡知と最先端の科学は、今まったく逆方向から同じ答えに向かって急接近しつつある。ダライ・ラマ法王は、そのことをはっきりと意識して教えを説かれている。

『地球（ガイア）のささやき』２３６頁

つまり、かつては宗教専有のテーマであった輪廻転生や色即是空を、科学がまったく別の角度から語り出しているのだ。詳しいことは割愛するが、近年の量子力学の知見は、それを明確に示唆している。

先に記したテレビ番組「未来からの贈りもの〜この星を旅する物語」の製作に際し、龍村一行はダライ・ラマ法王による〝カーラチャクラ〟の儀式に同行している。このチベット密教における重要な秘儀はヒマラヤ山脈の秘境ジスパという村で行われ、そこで龍村は、精神的な支えとなる多くの啓示的な示唆を得ている。ここでは、それに関して記しておきたい。

チベット密教の聖典であるカーラチャクラは、「時輪」と訳され、「カーラ」は時間を、「チャクラ」は存在を意味する。あらゆる時間は存在の中にあり、あらゆる存在は時間の中にある。本来、生きるものは全て仏性を有し誰でも仏となる可能性を持っているとチベット密教では教えるが、カーラチャクラは自身に備わる仏性を顕現せしめるための儀式と言ってもよい。それに関して、龍村は以下のように書いている。

カーラチャクラを短く解説するのは不可能に近いが、敢えて試みるなら、前後十日間にわたって行われることによって、そこに参加した人の魂と肉体が浄化され、そのことによって、その土地とさらにそこから拡がる世界全体が浄化され、平和と安定がもたらされる、というものである。一般的には、美しく精緻極まりない砂マンダラが儀式の進行と共につくられ、終了と同時に壊されて、川、または海に流されることで知られている。

『地球（ガイア）のささやき』２３０頁

さて龍村は、ダライ・ラマ法王に接見する時には、いつも難関の通過儀礼が与えられる、と書いている。ガイアシンフォニー第二番を撮影する時の、ダラムサラへの旅の時もそうだった。濃霧で辺り一面が乳白色の液体のような状況の中、龍村らを乗せたバスはあろうことか時速60キロメートルものスピードで疾走する。前はほぼ何も見えない。そんな中、突然車のライトが現れたと思った次の瞬間、轟音と共に大型トラックがバスの数センチ横を通り過ぎる。道幅は、２台の車がギリギリすれ違えるほどの狭さ。まったく生きた心地がしない。実際にその道で、この日十台以上の車の激突、横転事故があった。この時の様子を、龍村は次のように振り返っている。

こんな風景は、映画か夢の中で観る幻像であって、とても現実のものとは思えない。しかしそれは私が生身の肉体をもって通過したまぎれもない〝現実〟であった。この国の人たちは、自分が生・死を分けるような事故に遇ってしまうかもしれない、ということをほとんど心配していないように見える。事故に遇ってしまったら、その時初めてその意味を考えるのかもしれない。

この、夢と現実が逆転したような霧の中の旅は、私たちがチベット密教の世界に参入し、ダライ・ラマ法王にお会いするための、最初の通過儀礼だったような気がする。

『地球（ガイア）のささやき』２３２頁

この旅の末、龍村は初めてダライ・ラマ法王と接見できたのだが、法王と龍村を引き合わせた姉の龍村和子も、この時に思わぬ災難に遭っていた。そもそもダライ・ラマ法王と面識のない龍村一行は、デリーの空港で龍村和子と落ち合ってからダラムサラに向かう予定であった。しかし、いくら待っても空港に和子は現れない。約束の時間はとうに過ぎている。しかし一向に現れない。現在のように、ＳＮＳや携帯電話などで簡単に連絡ができる時代ではない。不安にかられながらも、できるのは待つことのみである。翌日になっても和子は来ない。堪らずに、ニューヨークの和子の自宅に電話をしてみた。しかし、留守番録音の設定が意味無く答えるだけである。彼女は旅に出ているのだから、当然である。結局、2日遅れでようやく龍村和子は、空港に到着した。聞けば、なんと出発当日暴漢に襲われ、現金やパスポートなどが奪われたのだそうだ。これは和子の試練であると同時に、不安にかられながら待たされた龍村側の試練でもあった。さらに、「七月のジスパへの旅は、二月のダラムサラへの旅よりさらに過酷な旅になった。」（『地球（ガイア）のささやき』233頁）と龍村は書いている。詳しいことは割愛するが、峠に続く断崖絶壁の山道は車一台がギリギリ通れる細い道で、いつ崖が崩れてもおかしくない道だ。実際にその道では、龍村一行が通過した数日後に崖崩れが起こっている。その道をたどり、三十分前に通過したという法王の影を追いかけた龍村の旅は、正に命懸けの道のりだったのだ。通過儀礼を一つひとつ越えて行かなければ、法王にはたどり着けない。

カーラチャクラへの行程は、〝人は大いなる力に生かされている〟という事実を龍村に認識させる旅であった。この考えは、龍村の人生を支える思想である。それに関して、次のように書いている。

多くの人たちは、自分の人生は自分の力で選びとっている、と思っているか、あるいはだれかのせいでこうなっていると思っている。もちろん、生きるということのあるレベルまでは、この思いが間違っているとは言えない。いやむしろ、自分に与えられた人生を自分の努力と誠意で必死に切り開いてゆこうとすることは正しいことだと言うことができる。努力もせず、闘いもせず、ただ〝神様〟に甘えたり、すがったりするよりは、私の人生は私が切り開くという思いで決然と孤独に耐えている人の方がずっと美しい。（中略）

現代の日本のような環境の中に生きていると、どうしても生きていることそれ自体が、〝人為〟のなせる業だと無意識の内に思うようになってしまう。真の意味で運を天に任せることができなくなるのだ。別の言い方をするなら、生かされている、ということが実感できなくなるのだ。その点、標高三千メートルを越えるヒマラヤ山麓の苛酷な自然の中に生きる人にとっては、まだ生かされている、ということが日々の生活の実感として存在しているようだし、チベット密教の高度に洗練された心の科学も、このような環境の中で練り上げられ、深められて来たのだ、と言うことができる。

カーラチャクラはまさに、〝運は天に任されているのだ〟ということを思い出すための

教えであり、私たちのジスパへの旅も、その〝運を天に任せる〟という実感から始まったのだ。（傍点は龍村）

『地球（ガイア）のささやき』238頁

法王の影を求めて断崖絶壁の山道をたどる行程は、正に運を天に任せた旅だった。そして、〝人は何か大きな力に生かされている〟というこの世の摂理を龍村に実感させる旅でもあった。

ジスパで法王に合流した龍村は、1週間以上に渡るカーラチャクラの儀式に密着した。本来であれば法王と高僧のみで営まれるいくつかの儀式、噂に聞いた〝法王の踊り〟などへの取材も許された。それを映像として表現する作業、それは難題であり同時に龍村に与えられた使命だったのだ。この一連の取材を通じ、龍村は以下のような感想を述べている。

科学文明、物質文明に馴れ親しんでしまっている私たちには、どうしても目に見える世界が〝現実〟であり、目に見えない心の営みや精神文化を〝絵空事〟と思ってしまう傾向がある。しかし、カーラチャクラでは、私たちが〝現実〟だと信じているものが、人間の

心の在り方が生み出した仮象であり、心の在り方しだいで〝現実〟はいくらでも変化し得ることが説かれるのだ。（中略）
非常に高度な精神集中と磨き上げられた手仕事としての技術によってつくり上げられた砂マンダラが、儀式の終了と共にアッという間にただの砂に戻され、ヒマラヤの雪解け水の中に還されるのを見ながら、私は目に見える結果や価値だけを追い求める現代文明の〝異常〟さをつくづく思ったのだった。

『地球（ガイア）のささやき』２４４頁

目に見える世界だけが現実なのか、それとも心に描く想いが現実を創り出すのか。かつてアラスカ先住民ハイダ族は、トーテムポールを作りその天辺に近親者の亡骸を葬るという文化を持っていた。そのトーテムポールは、現代人の眼から見ると美しく見事な工芸作品であり、同時に貴重な文化遺産でもあった。西洋文明は、それを博物館で保管し文化財として永遠に残そうとする。一方、これを作ったハイダ族の人々はトーテムポールが自然の中で朽ちてゆくままに任せようとする。物質としての美しさを維持するのではなく、朽ち果てて自然に帰ってゆく、その流れこそ重要だと考えるのだ。龍村の魂の友、星野道夫は、彼らの営みに接し次のように述べている。

その話を聞きながら、目に見えるものに価値を置く社会と、見えないものに価値を置くことができる社会の違いをぼくは思った。そしてたまらなく後者の思想に魅かれるのだった。夜の闇の中で、姿の見えぬ生命の気配が、より根源的であるように。

『森と氷河と鯨』「消えゆくトーテムポールの森で」（『星野道夫著作集 4』 26頁）

選ばれた僧たちが全身全霊をかけ多くの時間を費やした結果、精緻極まりない美しさに仕上がる砂マンダラ。それを、ためらうこともなくいとも簡単に自然に還す、その営み。それに引き換え、物質的価値観を重要視し、形あるものを永遠に所有しようとする現代文明。カーラチャクラの儀式に接し、龍村は星野道夫とまったく同じく、目に見えないものへの想いを抱くのだった。そしてこの儀式は、最終的に龍村に次のような感想を抱かせる。

人間はすべての営みに全身全霊をかけて取り組み、その結果にとらわれない時、真に幸せになれる、ということだろうか。あるいは、真に全身全霊をかけて目の前の出来事に取り組んだ時、自ずと結果にこだわる心が消え、生きていることの本当の喜びを知ることができる、ということだろう。砂マンダラはそのことを本当にわかりやすく示してくれたのだ。

『地球(ガイア)のささやき』248頁

ダライ・ラマ法王が説く人間の本性である慈悲と利他の心。龍村は、全身全霊をかけて自分の人生を生きるとき、それは育まれると言う。

全身全霊を尽くして生きるからこそ、その結果にこだわらない心が生まれる。その心が生きることの真の喜び、深い慈悲心、利他心を育む。

『地球(ガイア)のささやき』255頁

未来の結果を憂うることなく、全身全霊をかけて、今、映画を撮り続ける。そんな龍村自身の日々の実感なのかも知れない。

ところで、龍村仁および初期の映画ガイアシンフォニーを支えた人物に、京セラ、ＫＤＤＩの創業者である日本有数の実業家、稲盛和夫がいる。稲盛の成功の秘訣、経営哲学こそダライ・ラマ法王がいう利他の心、慈悲の精神そのものであった。

地球交響曲第一番が完成し京都の小さな映画館での上映が決まった時、龍村は「こういう映画をつくったので観に来てください」と、稲盛に映画のチケットを2枚渡した。超多忙な稲盛のことだからまず観には来ることはないだろう、と龍村は考えていた。ところが何と上映初日に、しかも10名ほどの重役を伴って稲盛は劇場に来たのである。映画が終わった時稲盛は、「龍村さん、すごくいい映画をつくってくれてありがとう」と言って龍村に握手を求めた。これが、稲盛とガイアシンフォニーのご縁の始まりだった。その後、ガイアシンフォニーの次作を構想した龍村は、稲盛に作製費の支援を求めた。その時、稲盛は次のように龍村に告げた。

自分はこういう映画をつくって金儲けしようとは絶対考えていない。この映画が採算が取れないはずがない。もし上映してもらえずに、採算が取れないんだったら、それは今の映画界のシステムがおかしい。だからそのシステムをちゃんと変えられると私に説明しなさい。

『観客がクリエイターとなる映画をつくる――第178回』

これは難問だった。稲盛の言う通りなのだが、彼を納得させるだけの構想は簡単には浮かばない。何度も何度も提案にダメ出しを受け、スタッフの中には稲盛に反感を持つ者さえ現れた。しかし龍村は違った。これだけ否定するということは、本気でスポンサーになってくれる可能性がある、と感じていたのだ。紆余曲折の末、稲盛の支援が決まった。そして稲盛の予想通り、この映画は稲盛の支援額以上の興行収入を上げた。採算が取れないはずはなかった、のである。

稲盛は新たな事業に取り組む時、その仕事が利益を生むかどうかという視点も大事だが、それ以前に、その仕事が人々の役に立つか、人々を幸せにすることが出来るか、それを第一に考えるという。それは詰まるところ、ダライ・ラマ法王が掲げる人間の本性、〝利他の精神〟である。このポリシーを従業員にも浸透させることにより、稲盛は経営が傾きかけた日本航空をはじめいくつかの会社を立て直し成功に導いた。その考えを、著書『心。』(サンマーク出版)より引用してみよう。稲盛は次のように言う。

人生で起こってくるあらゆる出来事は、自らの心が引き寄せたものです。それらはまるで映写機がスクリーンに映像を映し出すように、心が描いたものを忠実に再現しています。それは、この世を動かしている絶対法則であり、あらゆることに例外なく働く真理なのです。

したがって、心に何を描くのか。どんな思いをもち、どんな姿勢で生きるのか。それこそが、人生を決めるもっとも大切なファクターとなる。これは机上の精神論でもなければ、単なる人生訓でもありません。心が現実をつくり、動かしていくのです。

稲盛和夫『心。』13頁

心に思い描いた事が現実を創り出す。想いが現実を創る。稲盛は龍村と同じ考えで、生きている。

なかでも人がもちうる、もっとも崇高で美しい心――それは、他者を思いやるやさしい心、ときに自らを犠牲にしても他のために尽くそうと願う心です。そんな心のありようを、仏教の言葉で「利他」といいます。

利他を動機として始めた行為は、そうでないものより成功する確率が高く、ときに予想をはるかに超えためざましい成果を生み出してくれます。

事業を興すときでも、新しい仕事に携わるときでも、私は、それが人のためになるか、他を利するものであるかをまず考えます。そして、たしかに利他に基づいた「善なる動機」から発していると確信できたことは、かならずやよい結果へと導くことができたのです。

稲盛和夫『心。』19頁

利他の想いでやってきたことは良い結果を生み出す。稲盛の業績と経験をみれば、この言葉の意味は重い。

ＫＤＤＩの前身である第二電電を設立したときのこと。日本で電気通信事業が自由化されたとはいえ、それまで業界を独占していた強大なＮＴＴに立ち向かうことは、危険かつ無謀なことでした。

事業を開始するまでのおよそ半年の間、毎晩眠るまでの時間に、私はくり返し自らの心に厳しく問いました。通信事業への参入は、ほんとうに善なる心、正しく純粋な思いからなのか。自分が名声を得たいためではないか、そこにひとかけらの私心もないか――と。そして、「自分にはたしかに私心はない、動機は善である」という揺るぎない確信を得てから、参入を決めたのです。

稲盛和夫『心。』20頁

稲盛ほどの経験を積んだ人間でも、常に自問自答の繰り返しである。自分のやろうとしていることは、善なる動機に基づく行動であるのか、と。結果、KDDIは大方の予想を覆し成功を収めた。想いが現実を創る。善なる動機は、成功を導く。稲盛が言うように、これはシンプルなこの世の仕組みなのかも知れない。

一方、龍村はどんな思想でこの映画を作り続けているのか。それは、僕には良く分からない。おそらく龍村に聞いたところで、簡単に答えられるような問題ではない。愚問だろう。しかし、少なくともこの映画で儲けようなどとは考えていない。それは良く分かる。いやむしろ、この種の映画は負債を抱える可能性の方が遥かに大きい。それでも龍村は、映画を撮り続ける。もはや龍村にとって、映画作りは生きることと同義なのだと思う。そしてこの映画は、一般市民の自主上映、つまり儲けなど度外視した〝善なる想い〟で成り立っている。この映画を支えた数かずのシンクロニシティも、そこに私利私欲、名誉欲など不純な動機がある時には決して起きないだろう。やはり、利他の精神が映画ガイアシンフォニーを支えている。

第三章　魂の友

類は友を呼ぶ。友達を見ればその人が分かる。

先にも記したように、ガイアシンフォニーは市井の人々に支えられ、自主上映で成り立つ不思議な映画である。もちろん自主上映主体で上映される映画は他にも数多くあるが、シリーズ8作を数え、四半世紀も続く映画を他に知らない。このガイアシンフォニーを支える同志に対し龍村は、〝魂の友〟という表現をしばしば使う。僕自身も、龍村仁監督から「魂の友よ」で始まるお手紙を何度か頂いた。監督から見ると、映画の出演者も、カメラマンも、プロデューサーも、スポンサーも、その他僕らのように自主上映を支える一般市民も、さらには映画を観てくれる観客まで含め、全ては〝魂の友〟なのだろう。

ガイアシンフォニー第三番の主要な出演者に星野道夫がいる。しかし、知られているように星野はこの映画の撮影に入る直前にロシアのカムチャッカでヒグマに襲われ急逝した。従って、この映画の中で星野道夫自身の映像は僅かしかない。大部分は星野の友人、知人、家族が星野道夫を語っているのである。しかも、どの出演者もまるで星野道夫の魂が乗り移ったように星野を語る。いやむしろ、複数の眼で捉えた星野道夫は、星野自身が語る以上に星野道夫という人間の実像を写し出しているように見える。そこには、本人ならではの照れも遠慮も無いだろうし独り善がりもない。結果、ガイアシンフォニー第三番の星野道夫は、星野が自身の写真や文章で見せる星野像を補って、僕たちにより星野道夫の実像を伝えてくれている。

ここでは、このガイアシンフォニー第三番と同じ手法で、魂の友たちの心の中にある龍村仁を描いてみたい。そこには、龍村本人には見えない龍村仁の姿があると思う。

柿坂神酒之祐（かきさか　みきのすけ）

龍村が意を決した時、祈りを込めて必ず訪れる場所がある。天河神社である。天河神社の歴史は、飛鳥時代に役行者が修行中に辨財天（べんざいてん）を感得せられ、弥山（みせん）山頂に祀ったことに始まる。その後、天武天皇により現在地に社が創建された。天河神社は、龍村の禊の場である。ガイアシンフォニーの制作開始と完成時には、必ずここで神事を受けているのだ。このことに関して、龍村は次のように書いている。

> 私は一つの宗教を信奉する宗教者ではない。しかし、「地球交響曲」を作る時だけは覚悟を新たにし、自分自身を禊（みそ）ぐためにこの習慣を続けている。吉野山中の霊気と縄文時代のシャーマンを思わせる宮司のおおらかな人柄が私に霊的な元気を与えて下さるのだ。
>
> 『地球（ガイア）の祈り』27頁

龍村は、自分の〝霊的な元気〟を高めるために天河で禊を受ける。天河神社での初めての禊、それは豪雨の中で〝水の記憶〟、〝天空の記憶〟を体感する修験の道だった。

天空より降りそそぐ巨大な滝の真っ只中に、いつの間にか誘い込まれてしまったのでは、と思える程に激しい雨であった。

はるか彼方の天空で結晶した雨の一粒一粒が、その直径1㎜にも満たない小さな胎内に天空からの落下の記憶を宿しながら激しく私の全身を打つ。雨に刻印された天空の記憶、その記憶に打たれ、ほとんど溺れそうになりながら、私は高度2000mの弥山山頂をめざして、修験者だけが知る急峻な山道を登り続けていた。着ていた雨具や衣服の感触はもうとっくに失せて、雨水は裸の皮膚の表面から直接身体内部に浸み込んでくる。もう数時間険しい山道を登り続けたせいだろうか、循環の良くなった身体の内部が心地よくその水の侵入を受け入れてゆく。水に刻印された記憶が発するかすかな波動に、身体の細胞の一つ一つが共振を始める。互いに共振し、増幅し合う細胞の振動はやがて全身に拡がり、私の身体全体が一つの振動体と化してゆく。

私の身体と外界とを隔てていた境界がいつの間にか消え、私は天空から降りそそぐ、〝記憶の海〃の波となって漂い始める。

普段は、〃私がいる〃事をかすかに意識させてくれる重力の存在さえもはや感じない。私自身が太陽系誕生以来の宇宙の記憶そのものであることがわかってくる。

「禊ぎとはこのことなのか」

ふと、私はそう思った。神事の撮影をお願いした時、柿坂宮司が言下に「それなら私と一緒に弥山に登ってください」とおっしゃった意味が、その時初めてわかったような気がした。89年7月の事であった。

『ガイア・シンフォニー間奏曲』16頁

〃水に刻印された記憶〃、こんな表現は僕には絶対真似できない。しかしその意味は、何となく分かる。龍村のこの感性。これには、ただただ脱帽するしかない。さらに龍村は書いている。

神道の儀式は、もともと木・火・土・金・水に宿る霊と人間が交感する縄文期のシャーマニズムから生まれている、と言われている。もし今の神道の儀式にもその本質が受けつ

> がれているなら、私はぜひその儀式に立ち会って木や火や水と交感してみたいと思った。
>
> 『ガイア・シンフォニー間奏曲』17頁

願い通り、龍村はこの神道の禊を通して水と交感した。宮司による巨大な護摩焚きの神事では火と交感し、神社がたたずむ吉野山中の木の精霊達とも、その霊気を交感したに違いない。天河神社とは、龍村にとってそういう所である。

この貴重な禊の場を龍村に授ける、天河神社の柿坂神酒之祐(みきのすけ)宮司。ガイアシンフォニー第八番の出演者でもある。宮司が唱える祝詞について、龍村はこう書いている。

> 信心深い人にはお叱りをうけるかも知れないが、実は私はこの宮司の祝詞を聴きたいために天河神社に詣でていると言ってもいい。チベット仏教のマントラにしても、教会のグレゴリオ聖歌にしても、真の音霊は、その宗教の教義や意味を超えて、私達の魂を一気に浄化してくれる力がある。さらに、宮司が随神(かんながら)に奏上される祝詞の内容は、まるでガイア理論そのものであり、それが、時に高く、時に低く、静寂の闇の中を木霊(こだま)しながらうねっ

てゆく。

『地球(ガイア)の祈り』30頁

柿坂神酒之祐宮司は、昭和12年奈良県吉野郡天川村に七人兄弟の末っ子として生まれた。年齢は八十歳を越えておられるのだが体躯はかくしゃくとして若く、太い声には艶があり、まったく年齢を感じさせない。若い頃には、世界中を放浪して歩いた。特に二十歳の頃には、南米のコロンビアからチリまで歩いており、アマゾンの奥地では文明とまったく交流していない先住民に出逢い、森から頂く命を活かし切るその生き方に感銘を受けたという。また、彼らの言葉と原始の自然が奏でる響きに、祝詞の原点である言霊(ことだま)の世界を見出したという。

(『祈りを奏でる』)

神酒之祐宮司の人となりは、祈ることへの想いを述べた次の言葉が物語る。

神主が奏上する大祓(おおはらえ)という祝詞や仏教の般若心経には、人間の慢心と甘えが一番の罪だとあります。慢心するから人を諌(いさ)めたり、自分のなかに甘えが生まれるんです。自分を掘り下げて瞑想し、慢心と甘えを消していけば、風や木とおなじように自然体になっていきます。

はじめは時間がかかります。しかし、ずっと続けていくと、どんな花でもサッと除けて踏まないように歩く気持ちになってきますし、一本の木を伐るにも、この木を伐って良いのか悪いのか、木と問答するの。

『宮司、なんでそんなに考えるの？』

『いやぁ……ちょっと待ってや、ちょっと待って……』

と言って、3日くらいかかるときもある（笑）。

私の日々の生活は土方をしとるような姿です。ときどき長靴を履いて、箒で掃除をするのが、もう一番楽しい（笑）。掃除のなかに情もあれば希望もあるし、何でもあるんですよね。ヨガにしても気功にしても、それだけが特別ということではなく、日常生活そのままが瞑想になります。だから天河の神主は、田んぼや畑、山仕事、掃除、祝詞、大工まで何でもできる（笑）。

狩衣（かりぎぬ）を着て、祝詞を上げるだけで、祈れるかいな。真っ黒になって働きながら祈るのが神主だと思うね。

『祈りを奏でる』

宮司自身が土方の格好をして、真っ黒になって働きながら祈るのだという。掃除の行いの中に、祈りの全てがあるという。そんなお姿に接したなら、僕らは思わず頭を垂れることだろう。それは言葉など不要な教えである。

今後のご自身のお仕事について、宮司はこのように話される。

私ね、まだまだやりたいことがいっぱいあるから、１４１歳まで生きようという希望を持っとるの。１００歳になって大恋愛したいな（笑）。まぁ、それはジョークだけど、古事記や般若心経にしても、究極は宇宙を論じた言霊です。各学者や宗教家が翻訳してますが、学問的に見ていく世界と、もっとそれを超えた世界で翻訳するのとでは、相当の違いがあると思うんですよね。古事記の本体である先代旧事本紀をわかりやすく本にしたいというのが、私の本来の仕事。今後もっと徹底的に研究して、書いていこうと思ってます。

『祈りを奏でる』

2011年夏、台風12号と15号の豪雨で天河神社及びその周辺は甚大な被害を受けた。その時宮司は、地域の復興と神社の再建を願い三日三晩不眠不休で祈り続けた。「もう一度、働かせて下さい」と祈り続けた。その祈りの最後には、宮司の目から訳もなく止めどない涙が流れ落ちたという。その宮司は言った。ガイアシンフォニー九番は、出来るかどうか分からない。しかし、もし九番ができたなら、それは最後の、究極のガイアシンフォニーになるだろう、と。

魂の友1　柿坂神酒之祐

龍村仁監督との出逢い

本年より三十有余年前、確か昭和63年の秋頃でしたでしょうか、天河神社（天河大辨財天社）の二百八十有余年ぶりの社殿の建て直しの造営が始まっている頃でした。

私が神社の斎庭を竹箒で掃き清めている時、ジーパンをはいた40代後半から50代とお見うけする洗練された感じのする一人の男性が通りかかられました。その時は何も言葉を交わさずただお互いに会釈するだけでしたが拝殿へ続く石段を登っていくその方のお姿を私は箒の手を休め、しばらく見送っておりました。なぜか心の中に焼き付くような強い印象があったのを記憶しております。これが龍村仁監督様との初めての出逢いでした。そして、どちらからお見えの方かと思いながら又掃除を始めました。掃除を終え社務所に帰って神社の仕事をしておりましたが、ふと気になりお姿は何処かと思いましたが見当たりませんでした。

それから三日くらいたった時に、私の宿舎にてお会いすることになりました。(この三日間はどちらにおられたのか、と不思議にも思いましたが)「龍村です。天河のことは周りの者からよく聞いておりましたが初めて伺いました……京都の生まれです。」

お話が進むうちに、御実家が京都の龍村織のお家である事がわかりました。私は父親から、天河神社に残る能装束などの研究の関係で監督のお父様の龍村平蔵様とのご縁を聞いておりましたので、時間を超越した深いつながりを感じる思いでした。

仁監督に来年の天河神社の神事を聞かれましたので、一月五日の『松囃神事』、一月十五日の『とんど祭』のお話を致しましたところ、『とんど祭』の映像を撮られる事となりました。

『とんど祭』とは、前日の一月十四日に山々に生い茂る檜を戴いて、氏子が山から切り出し、高さ16メートル以上の木を氏子一同総出で中心に立て納め、神籬（ひもろぎ）として御幣（ごへい）を掲げ、周りに16本の檜の添え木を合わせ、前年の藁を添え、立て納めたその中に、氏子や崇敬者の方々のご家庭で前年一年間御守護戴いた御神符や注連縄（しめなわ）などを入れた大とんどを立て、15日朝五時から、神社から忌火（いみび）を戴いて焚き上げ、夜明けごろに納められる神事です。そこには、多くの氏子並びに崇敬者の方々が参列します。

仁監督はカメラマンを同行され、その映像を撮っておられました。後にその映像を見せて戴いたときに、あまり人物は映らず『火』を中心として撮られていて、『ハーッ、この方は普通の監督さんとは違う、人間本位ではなく、人間の行っていく業の深いところを捉える方だ』と感動致しました。

私自身は、太占（ふとまに）に祝詞を奏上しておりますので、生きとし生ける全ての命に瞬間瞬間、真（まこと）を捧げて言霊（ことだま）とさせていただいております。仁監督の火の燃え盛るその瞬間を映像に捉える意識、感性の奥深さにとても感動した事を覚えております。

その後、仁監督から天河神社の造営にかかわる映像を撮らせて欲しいというお言葉を戴きました時、私は「映像はどうぞご自由にお撮りください」とお応えしました。

神社界では、『ここからは入らないで下さい』というように線引きし規制するところがありますが、私は、神様はもっとおおらかなものだと思っておりましたので、『心の正しいものを神は即座に迎える』『穢れというものはない』という思いで仁監督には、仕切りなく神社の規制を設けず、オープンに撮影をして戴いてよいとお伝えしました。仁監督は、他の神社との対応の違いに逆に驚かれたのかもしれません。しかし私にとっては極自然なことでした。

仁監督は人の深いところを目に見えない波動で理解され、その上、ご自分の捉えている深い生命の本質を映像で表現されようとする強い魂をお持ちで、そのお姿には深く感動致しました。

その年の7月初めに、夏の例大祭の御神火御神水拝戴の為、当社奥宮が鎮まる関西最高峰弥山(みせん)に登って護摩を焚いた時、監督にも一緒に登って戴きました。ここからが『地球交響曲第一番』の撮り初めだったと思います。その後、天河神社の一年を通しての神事を映像に収めて下さり、後に『天河交響曲』としてまとめて戴くこととなりました。

平成4年から自主上映が始まった映画『地球交響曲第一番』ですが、仁監督は映画の作成に入られる時、又完成した時は必ず天河神社に報告に来られました。

平成7年8月2日の夜、翌日の七夕祭の前夜祭として『地球交響曲第一番』の野外奉納上映が天河神社斎庭にて執り行われました。多くの方々が星空の下で、リラックスし『地球交響曲第一番』の映画に観入っておられたお姿が思い出されます。

この三十年余りを通して映画『地球交響曲』が第一番から第八番まで完成して行き、そのつど天河神社にて、出演者の方々の中の同行可能な方々を伴っての、奉納上映を執り行っていただきました事、誠に有り難く嬉しく感謝の思いでいっぱいです。

仁監督が、その魂を心として打ち込んで創り上げた映像は、長い年月の多くの上映を通して、本当の意味での競争のない、はかりごとのない、心を鎮め、他者を愛し、地球を愛し、平和を築き上げることのできる平らかな人格を持つ人々が多く育っていく、その原動力になってきたと確信致しております。

そして今、第九番の撮影に入っていると承っておりますが、第九番は、命がけという言葉がありますが、まさしく命からがら、自分を捨てきった作品の納めを全うしていただき、我々が触れたことのない共存共栄の循環する世を造り固め為す不死鳥のような、

『はじめのおわりのはじめ』である作品として、完成します事を心より願う次第であります。

令和元年十月二十四日

大峯本宮天河大辨財天社　宮司　柿坂神酒之祐

中澤宗幸

（なかざわ　むねゆき）

中澤宗幸。ヴァイオリン製作者そして修復師。ガイアシンフォニー第八番の出演者である。中澤と接していつも思うことは、何と謙虚な人なのだろう、という印象である。僕と話す時も、遥か年下である僕の教え子達に接する時でさえ、上から目線での物言いは一度もない。眼鏡の奥にある優しいまなざしは、いつも丁寧な言葉で話しかけてくる。この映画に出演したいと願う人間は多いが、龍村から映画出演を依頼された時、中澤はこれを断った。ダライ・ラマ法王を初めとする世界的な著名人達と自分が同列に扱われる事などとんでもない、というのが中澤の想いだった。素晴らしい仕事をしながら、しかし自分の業績を決して自慢することもなく、淡々と信じた道を歩み続ける中澤の姿勢。この態度は逆に、ガイアシンフォニーの出演者にピッタリと当てはまった。

中澤はこれまで、ストラディバリウスだけでも60挺以上修理してきた。高価なものは10億円を超える、言わずと知れた世界最高峰の名器である。そのストラディバリウスを中澤は次のように評価する。

> 共通するのは、ただ素晴らしい音が鳴るだけでなく、秀でた芸術品でもあることです。なぜ他の製作者はまねをできないのか、それはわかりません。ただ一つ言えることは、ストラディバリはバイオリンの材料となる素材と対話できる人だったということです。
>
> 『最低限の作業で元に戻すのが修復師』

この名器の製作者ストラディバリは、樹と対話できる人だった。そして、中澤自身も樹と対話する人だった。後に触れる「津波ヴァイオリン」を作製中の自身の心情を、彼は次のように語っている。

> わたしはいままでたくさんのヴァイオリンをつくったり、修復したりする仕事をしてきましたが、このヴァイオリンをつくっていた何か月かは、本当に不思議な時間でした。夜、月夜の工房で、ずっと木と対話をしていた気がします。おそらく家の梁だったと思われるマツの木と、床材として使われていただろうカエデの木と――。木に語りかけ、木の思い

出を聞きながら、わたしはずいぶん長い旅をしたように思ったのです。

『いのちのヴァイオリン』110頁

わたしは木目(もくめ)をさすりながら、木にいろんなことをたずね、いろんなことを話しました。「わかった。きみのなかにある新しいいのちの形をとりだそう。立派なヴァイオリンの形がみえるよ。余分(よぶん)なものをぜんぶとりのけてあげるよ。さあ、こちらに出ておいで」——そう語りかけながら、仕事をしました。

『いのちのヴァイオリン』112頁

中澤はヴァイオリンを修復する時いつもその楽器に語りかけ、楽器の持つ物語を聞きながら傷ついた個所を癒してきた。彼がヴァイオリンドクターと言われる由縁である。

「津波ヴァイオリン（TSUNAMI VIOLIN）」と呼ばれる楽器がある。中澤が作ったものだ。このヴァイオリンが生まれた切っ掛けは、中澤の妻であるヴァイオリニスト、中澤きみ子の何気ない一言だった。きみ子はテレビに映し出された東日本大震災での津波映像、家が流される様子や、うず高く積まれた瓦礫と呼ばれる木々を見て、宗幸にこう言った。

あれは瓦礫なんかじゃないわよね。人が生きてきた歴史であり、思い出そのものなのよ。
ねえ、お父さん、あの木からヴァイオリンをつくれないかしら。

『いのちのヴァイオリン』１０９頁

この会話から、津波ヴァイオリンは生まれた。このヴァイオリンに込められた想い。それは、とても深く、優しく、少し悲しい。我々日本人にとって、忘れてはならない大切な想いである。少し長いが、「TSUNAMI VIOLIN」のサイトからその想いを引用する。

それは、東日本大震災で発生した津波の流木からつくられたヴァイオリン。
震災後、被災地では至るところに大量の流木が積み上げられました。
日々伝えられるニュースでは、それを「瓦礫の山」と呼んだ。
しかし、その流木たちは決して「瓦礫」などではないのです。
それは被災地で生まれ育ち、幾年もの間人々の営みを見守ってきた木々。
それは震災前、家屋の床柱や梁に使われ家庭をあたたかく見つめていた木々。

その一本一本に、歴史や香りが詰まっているのです。倒壊した家屋の柱や流木をヴァイオリンとして生まれ変わらせることで、宿されている東北の故郷の記憶や思い出を、音色として語り継いでいくことができるのではないか。その思いから、ヴァイオリンドクター中澤宗幸氏によって、一挺のヴァイオリンが製作されました。

（中略）

どれだけ時が流れても、自然への畏怖の念を忘れず、東日本大震災を決して風化させないこと。そして〝TSUNAMI VIOLIN〟の音色の響く場所に人々が集うことで、地域、家族の絆がより深まること。さらには、このヴァイオリンが演奏家の手から手へ受け渡されていく過程で、日本全体のつながりが強くなっていくことを、願ってやみません。

『千の音色でつなぐ絆プロジェクト』

「千の音色でつなぐ絆プロジェクト」という企画がある。中澤らが中心になって、これを考えた。津波ヴァイオリンに震災復興への願いを込め、千人のヴァイオリニストがその音色をリレーのように弾き繋ぐ、という計画である。日本には古来より願いを叶えたい時に〝千〟という数字を用いる習わしがある。千羽鶴、千手観音、千日供養などはその現れ。このプロジェクトのサイトによれば、「千という数字を希望に変えて、弾き継ぐことで震災の記憶を風化させず継続的に支援を続けていくこと、支援を訴えていくことを目的としている」ということである。千人で音色を繋ぐのに、果たして何年の歳月を要することか。

中澤夫妻は、平成天皇皇后両陛下から宮中に招かれた事がある。そこでは、この「千の音色でつなぐ絆プロジェクト」の事が話題に上がった。当時の美智子皇后様は、中澤にこう述べられたという。

心に深い悲しみや痛みを背負った方々は涙を内側に流していらっしゃいます。音楽にはその涙を外に出させる力があるんです。

つまり、人びとは本当の涙を外に流すことによって初めてその心が救われる、ということか。そして、津波ヴァイオリンの音色にはその力がある、ということか。胸に染み入るお言葉である。また、皇后様はこうもおっしゃったという。

震災から地域や人々が完全に復興するには、まだまだ時間がかかります。ですから、この千の音色でつなぐプロジェクトもできるだけ時間をかけて長く続けて下さい。

なんと思慮深いお言葉だろう。この企画を早く達成することに、さほど大きな意味は無い。それよりも、この稀有な出来事を長く忘れないことが重要なのだ。ついつい、早く千人のリレーを達成しようと考える自分の考えの浅さを恥じ入る思いである。2017年の秋、僕の勤める立教大学のチャペルでもこのプロジェクトの一環として、中澤きみ子による津波ヴァイオリンのコンサートが行われた。当日は雨模様で、空気中の湿気は本来ヴァイオリンなどの楽器演奏には適さない。しかし、中澤は面白いことを言った。

このヴァイオリンは湿気にとても強い。こんな天気でも、素晴らしい音色を出してくれる。津波に流された経験を持つ樹々は、きっと湿気に強くなっているんです。

苦労に耐えたものは、人でも樹でも強くなる。確かに、この日のチャペルでのコンサートは素晴らしかった。被災地復興への願いを込めて、観客全員が目を閉じて祈った。チャペル全体がまるで一つの楽器のようになり、シューベルトのアヴェマリア、そして浜辺の歌を奏でていた。

中澤は言う。

　人は、忘（わす）れなければ前にすすめないこともあります。けれども、忘れてはならないこともあります。音楽を愛するとは、人間を愛し、自然を愛することではないでしょうか。わたしは大きな傷（きず）を残したこの震災（しんさい）が、人間と自然が新しい関係をむすびなおしていく新しい出発点となることを願ってやみません。次の世代をになう若（わか）い人たちが、人びとの希望（きぼう）の大樹（たいじゅ）と育ちゆくことを信じて――。

『いのちのヴァイオリン』１１５頁

中澤の心底からの願いである。

魂の友2

龍村仁監督との出逢いと撮影の思い出

中澤宗幸

2013年春、突然映画出演のお話をいただきました。申し訳ないことに、私はそれまで「地球交響曲」という映画を観たことがないどころか、名前も知りませんでした。龍村監督の事務所と私の工房や自宅のあるのは、ちょうど新宿御苑をはさんで反対側というご縁もあり。監督は軽やかに自転車に乗っておいでになったのです。

ただあまり人前に出ることも好きではないですし、まして自分の出る映画などとんでもないとお答えすると、「とても面白い仕事をしていらっしゃるから、工房で作業しているところを撮りたい」というようにおっしゃったので、それくらいなら良いかと思ってお受けしました。(結局、それどころではなかったのですが)

頂いた一番~七番の「地球交響曲」をDVDで拝見すると、ジャック・マイヨール、14世ダライ・ラマ、ジェームズ・ラブロックと私でも名前を存じ上げている方々。映像から伝わる静謐で気高い雰囲気も相まって、私は気後れするばかりでした。ただ後には引けず、ずるずると撮影が始まってしまったというのが正直なところです。

その頃私は東日本大震災の津波によって生じた流木（当時は毎日のように「がれき」と呼ばれていた立木や倒壊家屋の流木）から1本のヴァイオリンを作ったところでした。そのヴァイオリンは、2012年3月11日の陸前高田市の合同慰霊祭で、世界的ヴァイオリニスト、イヴリー・ギトリスによって初めて演奏されました。それ以後、予期せず逝ってしまわれた多くの御霊の鎮魂とこの悲惨な記憶を風化させないために、いろいろなところでこのヴァイオリンを弾いていただく活動に尽力していました。妻でヴァイオリニストの中澤きみ子ももちろん弾いていました。

そうこうしているうちに、あれよあれよという間に最初の撮影が決まり、斑鳩町のいかるがホールで行われた中澤きみ子のコンサートを撮ることになりました。このコンサートは、2013年3月11日に法隆寺の慰霊祭で弾かせていただいたご縁から、ご依頼頂いたものでした。監督と撮影隊は天河神社での撮影後、斑鳩においでになりましたが、監督がシューベルトの「アヴェ・マリア」の演奏をとても気に入られたのを覚えています。

その後、工房で人類の遺産でもあるグァルネリ・デルジェスの修復の過程を、時間をかけて撮っていただきました。また、私は当時、イタリアにも店を持ち、ヴァイオリンを作る良い材を集めていましたが、イタリアのフィエンメ渓谷へ表板になる松（スプルース：トウヒ）を切りに行くのに、監督と助監督、カメラマンが同行しました。ストラディヴァリの時代から、多くのヴァイオリン製作者はこの地へ松を探しに行っています。クレモナから車で3時間余。前日急に冷え込み、雪が積もり零下18度の中、皮下脂肪のほとんどない私も監督も凍りそうでしたが、2日間で3本の木を切ってきたのも良い思い出です。酷寒のためカメラのバッテリーがあっという間になくなりましたが、そんなことも初めて知りました。あまり口に合わない郷土料理も、暖かいだけでご馳走でした。ヴァイオリンの街クレモナ含め1週間ほどイタリアに滞在しましたが、監督も私も食が細く、お酒も飲まないのでディナーは盛り上がりに欠けていたかもしれません。

長い撮影期間の中で、私が一番心に残っているのは、明治神宮で奉納演奏をさせていただいた時です。ヴァイオリン同様流木で作ったヴィオラ、チェロを合わせた弦楽四重奏で「ふるさと」や「浜辺の歌」が社殿に流れた時、ふっと時間が止まったような、異次元に来たような感覚と感動を味あわせていただきました。祈りの場である社殿と、社殿を吹き抜ける風と楽器に込めた人々の願いや思いがまじりあってその場にとどまったような、不思議な時間でした。

思えば、監督と私は同じ年、同じ兵庫県に生まれました。監督がピアノや仕舞をたしなんでいたころ、私はウナギ取りやウサギを罠にかけることに熱中していましたから、同様に育ったとは言い難いですが、何か同じ時代を生きて、同じ空気を吸って生きてきたという思いは強く感じます。その監督に紡いでいただいた映像は、間違いなく私の一生の宝物となりました。監督との出逢いは、本当に天から授かった幸運だったと今では心から感謝しております。

中澤宗幸

ボブ・サム

ボブ・サム。北米クリンギット族のインディアンで、一族に伝わる神話の語り部である。亡き星野道夫の友人で、星野を神話の世界に導いた人物でもある。ガイアシンフォニー第三番で最も重要な登場人物になるはずであった星野道夫を失ったとき、それでも龍村は、「見えない星野道夫を撮る」「聞こえない星野道夫の声を聞く」と心に決めた。我々凡人には、こんな発想は普通起きない。しかし龍村は違う。映画監督としての龍村仁は、むしろ「見えない存在を撮る」ことこそが、彼の真骨頂、得意とする手法なのだ。それに関して、龍村はこう記している。

私は、二十三歳でＮＨＫに入局して以来四十年近く、ほとんどドキュメンタリーのフィールドで仕事をして来た。しかし、二十三歳の時つくった最初の作品以来、一貫して撮ろうとして来たのは、見えないもの・聞こえないものであったような気がする。見えるもの・聞こえるものを通して、見えないもの・聞こえないものを描き出したいという想いは、私が四十年間映像をつくり続けてきたエネルギーの源泉なのだ。

『地球交響曲第三番　魂の旅』51頁

見えない星野道夫を撮る上で、どうしても欠かせない人物がボブ・サムだった。なぜなら、『「ワタリガラスの神話」を求める旅こそが「地球交響曲第三番」の主たる目的だった』（『地球交響曲第三番　魂の旅』63頁）からである。そしてボブ・サムこそは、二十一世紀に「ワタリガラスの神話」を語り継ぐことを一族の長老たちから託された人物だった。

龍村の言葉を借りるなら、ボブ・サムは「魂の問題を直接話法で語ることのできる存在」である。そんなボブには、とても過酷な若いころの歴史がある。アルコールやドラッグに溺れ警官隊と衝突するという、アラスカ先住民の若者が陥りがちな典型的な歴史である。それは、70年代の先住民権利獲得闘争の過程でもあった。警官隊に捕らえられたボブは、凄惨なリンチを受けフェアバンクスの町から追放された。時は流れ、ボブは生まれ故郷のシトカに戻った。そしてクリンギット族の古老たちに近づいてゆく中で、大きな転機を迎える。ボブは古老たちから人を許すことを学び、白人への憎しみも消えていったという。それによって、ボブ自身の心の傷も癒えてゆく。自分を迫害した白人を許すプロセスは、同時にボブ自身を癒すプロセスでもあったのだ。その後ボブは、誰に頼まれたわけでもなく荒れ果てた一族の墓を一人で黙々と掃除し、10年と言う歳月をかけてそこを見違えるような綺麗な墓地に変えてしまった。それを遠くから見ていた一族の長老たちは、一族の神話を語り継ぐ後継者としてボブを指名したのだった。

ボブ・サムが語る神話に関して、龍村は次のように書いている。

ボブの口から聞いた「ワタリガラスの神話」は、私にとって、初めて聞く「語られる神話」だった。神話を文字で読むのと、耳で聞くのとでは、なにかが決定的に違ってくる。文字で読む時には、意味や解釈に意識が集中する。ところが、ボブの声を通して神話を聞いていると、意味や解釈がしだいに霧の中に消えてゆき、その神話を私に語りかけようとする見えない〝魂〟そのものが、直接私に迫ってくる。耳で聞くのではなく、全身の細胞が、直接神話に共振し始めるのだ。

『地球交響曲第三番　魂の旅』198頁

さらに龍村は、神話は自分が〝大いなるいのちの繋がりの中で生かされている〟ことを、思い出すために必要なのだと言う。

神話は、本来〝音霊（おとだま）〟として直接触れるべきものなのだろう。語り部の魂の奥底に潜むあの〝記憶〟が、音霊となって響きわたり、聞く者のからだの中に眠っている〝記憶〟を呼び覚ますのだ。自分のいのちは、自分だけの所有物ではなく、目に見えない大いなるいのちの繋がりの中で生かされている、というあの記憶を呼び覚ますために、神話はあるのだ。

『地球交響曲第三番　魂の旅』１９８頁

ボブがしばしば口にする重要なメッセージに、「Don't be afraid to talk about spirit.（魂を語ることを怖るるなかれ）」というフレーズがある。龍村は書いている。

「魂を語ることを怖るるなかれ」

このボブ・サムの叫びは、遠い昔の記憶に向けて発せられる音霊ではない。二十一世紀に生きる全人類に向けて発せられる、未来への音霊でもあるのだ。

『地球交響曲第三番　魂の旅』１９９頁

全くその通りだと思う。そして映画ガイアシンフォニーも、今を生きる全人類へ送る魂のメッセージである。

Thank you for my friend Jin Tatsumura

I first met Tatsumura Jin shortly after Hoshino Michio passed away. Michio & I planned to travel & record Indigenous people from Japan, Alaska, Canada, Greenland, England, Norway & Russia. Take photo's of Elders & record ancient stories of Raven's journey across the northern hemisphere. We were going to follow a path of Raven.

Unfortunately Michio passed away before we could begin our travels & Jin came to Sitka to interview my time with Michio. He said to be same friend as Michio. We soon became good friends & shared good memories of Michio traveling across Alaska & Haida Quaii. We then went to Fairbanks for Michio's memorial service & meet his family & friends. Very good memories of Michio was shared & I told a Raven spirit story with Michio's friends. Afterward we traveled to Haida Quaii together visiting same places Michio & I went.
1) My friendship with Jin got better as we talked

of Michio. Grateful to meet Jin as I found out more about Michio & Japan.

After our travels through Alaska Jin invited me to meet Michio's friends in Japan. Visit Michio's grave & meet Michio's family. Meet his friends & people who supported his work & visited ancient places to learn history & spirit of Japan. To understand spirit of ancient Japan was to be introduced Shinto & Buddhism from the beginning.

One of the places Jin invited me was Tenkawa to meet a Shinto priest. From Tenkawa we traveled to Kumano on a spirit quest with Tenkawa priest. I became great friends with the Tenkawa priest as we travelled all over Japan to visit sacred & ancient places. I shared a Spirit story of Raven with a message of don't be afraid to talk about spirit. Tenkawa is where I used natural phenomena during ceremony & ritual. We shared ancient Japanese Shinto rituals & Tlingit rituals together to connect with nature. In Kamakura the Priest of Tenkawa & Jin organized a ceremony to open up Japan to the outside world.

Dennis Banks & I were invited to share a Native American ritual with Shinto priests from all over Japan. It was great honor to meet so many famous people during this time.
Kamakura opened up the heart of Japan for peace. Dennis (2

Banks & myself were able to travel & be accepted by local people from this event.

In Kumano met Shinto & Buddhist priests during a Fire Ceremony festival in Shingu. The fire festival taught men how to become a better human being for family & friends. Still attend the fire festival as often as I can. In Shingu I became interested in Shingon Buddhism & Kukai. I felt the Spirit of Kukai & wanted to know more about him. From Shingu started traveling the path of Kukai & went many places Kukai went. Was able to go to Koyasan staying at temples in the mountains.

We travelled to Aomori to meet a wonderful Christian Elder famous for healing power of prayer & food. She was like a mother & we became lifelong friends. Jin shared so much history & also introduced me to Jomon history as well. We travelled to many sacred & ancient places together. I met the Dalai Lama through Jin.

We also went to Hokkaido to meet Ainu people & visit sacred places. Am grateful to Jin for introducing Ainu culture to me. Went to museums & cultural centers in Hokkaido. Was able to help Ainu with repatriation of 1200 Ainu bodies from Hokkaido University to Ainu. Today I have a strong
3) relationship with Ainu thanks to Jin.

Also went to Okinawa to meet with shamans & Indigenous people of Okinawa. I meet 12 Elderly ladies who were shamans & we were able to visit a sacred site located on a US military base. I began to understand there are other Indigenous people of Japan.

In Tokyo Jin helped organize a special ceremony of Shinto, Buddhism, Tlingit & Ainu to come together & share their culture for peace between the different people. Over 3,000 people attended this event & for first time shared spirit through dance, song & drumming. I also was able to share story at shrines & temples across Japan.

With Jin's support I was able to travel all over Japan in a good way. I am very fortunate to Jin for helping me understand the spirit of Japan. I would not be included in many ceremonies without Jin's support. He helped me understand spirit of ancient people is similar among all ancient people living alongside the Pacific Ocean.

There are too many great memories to share during my journey with Jin. Thank you so much for including me in your life. I am forever grateful & happy to know Tatsumura Jin.

Bob Sam　Alaska Tlingit Storyteller

(4

（訳文）私の朋友である龍村仁に感謝を込めて

私が、初めて龍村仁と出会ったのは、星野道夫がこの世を去って間もない頃でした。ミチオ（道夫）と私は、日本、アラスカ、カナダ、グリーンランド、ノルウェー、ロシアなどの先住民を訪ねる旅を計画していたのです。その旅では、写真撮影と共に、北半球に広く伝承されているワタリガラスの神話を記録し、ワタリガラスが辿った道のりを巡る予定でした。

しかしとても残念なことに、ミチオ（道夫）は旅を始めることなくこの世を去ってしまいました。そんな折、ジン（仁）がミチオ（道夫）のことを私に尋ねるためシトカを訪れたのでした。ジンにとっても、ミチオは本当に大切な友達でした。ジンと私はすぐに打ち解け、ミチオとの思い出を分かち合いながらアラスカとハイダ・グワイ※1を旅したのです。その後、私たちはフェアバンクスへ行きミチオの追悼式に参加し、彼の家族や友人たちと会うことができました。そこで私は、ミチオの友人たちとミチオに関する素晴らしい思い出を共有し、その上でワタリガラスの神話を語りました。その後私はジンとともに、かつてミチオと訪れたハイダ・グワイ[※1]を旅し、私たちの友情は益々深まりました。ジンと出会ったおかげで、私はミチオの新たな面を知ることができ、また日本についての理解が深まったのです。

アラスカを共に旅した後、ジンは私を日本へ招いてくれました。お陰で私はミチオのお墓をお参りができ、ミチオの家族に会いました。彼の友人や、彼の活動を支援してくれた方々にも会うことができました。さらに、日本の歴史や精神を学ぶために史跡や遺跡も訪れました。それらの途上で、ジンは神道と仏教を私に紹介してくれました。それは、私が日本の古代の精神を理解するためのジンの計らいでした。

このほか、ジンが私を招いてくれた場所の一つに天川があります。そこでは、天河神社の柿坂神酒之祐宮司を紹介されました。お陰で宮司と共に天川から熊野を巡り、魂の探求をする旅ができました。さらに日本各地の聖地や史跡・遺跡を宮司と共に巡ることができ、それによって私と宮司は深い友情で結ばれました。私は、ワタリガラスのスピリットのお話をして、「魂を語ることを怖るるなかれ」というメッセージをお伝えしました。天河では、自然現象をセレモニーや儀式で用いていますが、私たちが自然と共生できるよう、日本の神道の儀式とクリンギットの儀式を共に行ったのです。鎌倉では、天河の宮司とジンが日本の心を世界へ発信するための儀式を行ってくれました。

また、日本各地から集まった神道の宮司たちの前で、アメリカ先住民の儀式を行うために、私とデニス・バンクスはその儀式に招かれました。それを機に、とても多くの著名な方々にお会いすることができたのは大変光栄なことでした。鎌倉での儀式は、平和へと向かう日本の心を開く機会ともなりました。このイベントがきっかけとなり、私とデニス・バンクスは、日本各地を旅することができ、地域の人々にも受け入れてもらえるようになったのです。

熊野を訪れた時には新宮の火祭りがあり、神道の宮司や仏教の住職にお会いすることができました。この火祭りは、男達に、如何にして家族や友人にとってより良い人間になるかを教えます。私は、今でもこの火祭りに参加したいです。新宮では真言宗と空海に興味を持ち、空海の魂を感じ、もっと彼について知りたいという思いが強くなるのを感じました。その気持ちに従い、私は空海の歩んだ道のりを辿り、空海が訪れた数々の場所を訪ねたのでした。その途上、高野山へ行くことができ、お山の寺院で宿泊することができたのは良い思い出です。

またジンと私は、祈りと食事の力で人々を癒すことで有名な素晴らしいクリスチャンの女性（佐藤初女氏）を訪ね青森を旅しました。彼女は、私にとって母のようであり、私たちは生涯の友になりました。ジンは青森の地で、縄文時代を含む数々の歴史を私に紹介してくれ、私たちは、数々の聖なる土地や史跡・遺跡を共に旅したのでした。

第14世ダライラマ法王との出逢いも、ジンを通じての事でした。

その後私とジンは、アイヌの人々や彼らの聖なる土地を訪ねるために北海道へも赴きました。アイヌ文化を私に紹介してくれたジンには、本当に感謝しています。私たちは、北海道にある博物館や文化センターも訪れました。そして、北海道大学が所有していた１２００体のアイヌの方々の遺骨をアイヌの人たちに返還するお手伝いができたのです。今日、アイヌの人々と私との間に深い絆が結ばれているのは、ジンのおかげです。

沖縄のシャーマンや先住民に会うために沖縄も訪れました。そこでは12人の女性シャーマンに会い、米軍基地の敷地内にある神聖な場所を訪ねることができました。これまで知っていた以外にも日本に先住民族がいることを、私ははじめて知りました。

東京では、神道、仏教、クリンギットとアイヌの人々が集い、民族を超えた平和な交流をはかるための集会が開かれました。このイベント開催のため、ジンは多大な力を尽くしたのでした。3000を超える人々がこのイベントに集まり、ダンスや歌、ドラムを通じてスピリットが交流し、私は日本各地の神社仏閣関係者と神話を共有することができたのです。

以上のように、ジンの協力により私は日本各地を旅することができました。私が日本のスピリットを理解できるようになったのはジンのおかげです。それは大変幸運なことでした。ジンの協力がなければ、私は数々の神聖な儀式に参加できなかったでしょう。また、太平洋沿岸部に居住する全ての先住民たちが、日本の先住民と同じスピリットを持っていることも知らなかったでしょう。

ジンとの旅は、シェアしきれないほど沢山の素晴らしい思い出ばかりです。あなたの人生に参加できたことを、本当に嬉しく思っています。私は、龍村仁に出逢えて幸せでした。ここに、永遠の感謝の意を表します。

ボブ・サム　アラスカ　クリンギット　ストーリーテラー

※1　2010年にクイーンシャーロット諸島から改名

恩田映三（おんだ　えいぞう）

恩田映三。ガイアシンフォニー第八番のプロデューサーである。プロデューサーと言えばカッコいいが、八番では資金集めに奔走する日々であった。「映三」というのは偽名、一種のペンネームである。還暦を迎えた時、人生一周して赤ん坊に還るのだから、これからは自分の好きな名前を使おうと考えた。そして童心に還り、何が楽しくて、これから何がしたいかと考えたとき、映画を観ることが楽しい自分に思い至り「映画」で三つの願いを持とうと「映三」を名乗ることにした。その三つの願いとは、①何でもいいからとにかく映画に関わる生活をする、②映画を作る、③映画で何ができるかを考える、という三つである。

龍村との出合いは、龍村が地球交響曲を撮り始めた頃からなので、かなり古い。かつて恩田が某有名広告代理店で映像制作に携わっていた時代に、龍村との縁があった。以来30年以上の長きに渡り、彼はガイアシンフォニーを、そして龍村仁を見つめ続けている。その眼差しは、限りなく優しい。一つの映画を作るという作業には、色々な立場の人たちが、それぞれの思惑で関わることになる。そこでは当然、意見の違いや発想の違いがぶつかり合い、時に小さな軋轢が生じる。そんな空気を飲み込んで、柔らかく溶かし、鎮めてしまう。そんな力が恩田にはある。恩田の存在無くして、ガイアシンフォニー第八番は生まれなかった。そして今、決死の覚悟で第九番作製に挑む龍村を、やはり恩田は優しい眼差しで遠くから見つめている。

魂の友4

龍村仁監督とぷかぷか30年

恩田映三

令和元年9月28日。ラグビーワールドカップ・ジャパン2019日本vsアイルランド戦を観戦。歴史的な大金星で日本列島が歓喜のるつぼになったと報道された試合です。めちゃくちゃ興奮、感動しっぱなしでした。本戦の静岡スタジアムではなく、地元・藤沢のスポーツパブで仲間たちと観戦していました。誘ってくれたのは龍村監督の大学の後輩で、さらにラグビー部後輩で、しかもポジションが監督と同じセンター・13番という繋がりのナイスガイです。彼はガイア第八番の立ち上げ初期から応援の輪を広げてくれて、大口の協賛もしてくれて、完成後も何かと気を遣ってくれています。

監督は講演会や人前で話されるときに、京都大学文学部哲学科卒ではなく、ラグビー部卒で4年間はグランドにいた。と、よくツカミに使われます。そしてラグビー話はいつも熱が入り、当然話が長くなります。例えば、今回のアイルランド戦での大金星の話題になったら、「俺たち京都大学が早稲田大学に勝ったときと同じだなぁ」と展開していくでしょうね。

NHK懲戒免職

NHK懲戒免職。ツカミと云えば、この言葉もトークによく使われます。監督からすると「ツカミとかではない」と言われてしまうでしょうが、実は私もこの「NHK懲戒免職」と云う一行に掴まれてしまった一人でしょう。私が龍村監督と出会うと言いますか、一緒に仕事をすることになる直前に、社内の制作スタッフから渡された龍村仁監督のA4一枚の略歴書の中ほどに「NHK懲戒免職」と云う一行があり、私にはその一行が燦然と輝いて見え、目が釘付けになっていました。この「懲戒免職」の事由は、よく聞く横領とか、傷害事件とかでは絶対ないなぁ。何故「退職」ではないのだ。「何なんだろう?」その事由は思いつきませんでしたが、絶対おもしろい人だろうな、と興味津々になりました。

地球にイマジンを

『地球にイマジンを』は企業広告のキャッチコピーです。当時の私は広告会社で営業職ではありますが、企業広告に値するイベントを毎年探すのが仕事になっていました。ある時、オノ・ヨーコさんが亡ジョン・レノンに代わって世界にメッセージを出すと云う情報が入りました。ジョン・レノンが亡くなって10年、生誕50年になる1990年、ヨーコさんは、ジョンが生きていて今の地球を見たらきっとこんなメッセージを出すだろう、と思ったそうです。それは、「Greening Of the World：GOW」(世界緑化運動)

日本でも環境問題を取り上げるメディアが出始めたころです。このメッセージを基調として世界の3カ所、アメリカ、ソ連(当時)、日本でのトライアングル・コンサートをすれば世界に届くのであろうと云う構想でした。私はヨーコさんのスイスの隠れ家を訪ねて、GOWの日本コンサートを任せて欲しいと申し出ました。その時ヨーコさんは、ソ連のゴルバチョフさんとは既に話が出来ているとおっしゃっていました。さすが、世界のジョン・レノン。さて、このメッセージ・コンサート日本版を引き受けるとは言ってしまったものの、今までの企業広告のキャンペーンとは違う世界観だと云う直感もあり社内の制作スタッフに相談していたところ、「これしかない！」と思うCM案（絵コンテ）が上がってきました。それこそは、映像プロダクションの龍村仁監督のCM案だったのです。当時私は、龍村仁監督を知りませんでした。そして見せられた資料が、例の「NHK懲戒免職」が燦然と輝く略歴書だった訳です。

龍村監督とオノ・ヨーコさんが親密過ぎ

CM撮影のためにロンドンへ出かけたのですが、監督とヨーコさんは出会うとすぐに親しげにホテルのロビーで長々と話し込んでいました。CM撮影の方は日本からのスタッフも多く、段取り通りに進んでいましたが、ヨーコさんから突然特別な注文が入りました。CMとは関係なく、監督がドキュメンタリーを得意とされているなら、ロンドンでのジョンとの思い出の場所に息子ショーンを連れて訪ねるところを撮ってほしいと云う依頼です。これをめぐって、社内関係者間で少し揉めました。制作スタッフはドキュメンタリー撮影は我々の仕事ではないだろうと主張しますが、私としてはヨーコさん提唱のキャンペーンだからヨーコさん全体が必要な素材になるから必ず撮る、と物別れになってしまったのです。結局、プロダクションのプロデューサーが現地撮影スタッフを急遽用意してくれて、CM班とドキュメンタリー班の2チームで進行することで落ち着きました。ところが、CMもドキュメンタリーも終盤に来た時、またまたヨーコさんから特別注文です。ジョンとヨーコがベットインで、世界へ「Love and Peace」を訴えた例のアムステルダムのヒルトンホテルへ、ショーンをどうしても連れて行きたい。それも撮って欲しい、と云うのです。いやはや、振り回されます。ドキュメンタリー班は監督ほか予定を延長して、いざアムステルダムへ。ヒルトンホテルのあの部屋の窓ガラスには、当時の「HAIR PEACE」と「BED PEACE」の文字がそのまま残されていました。その日はちょうど7月7日。日本では七夕祭り。そして、その部屋の天井には、ミルキーウェイが描かれていたのでした。ミルキーウェイは天の川。天の川は、天河。この仕事以降、龍村仁と天河神社とのお付き合いが始まって行きます。

アムステルダムから天河神社へ

予定より4日延びましたが、全てを終え今夜は打ち上げしましょうと監督を誘いました。実は、この一週間余りの滞在中、なぜか監督とは一度も晩酌をしませんでした。日本料理店に再集合して打ち上げの乾杯をすると、監督から「俺は酒は飲めないのだ。」と言われて、それで酒の付き合いが無かったことの謎が解けました。

打ち上げが始まり暫くすると、その日本料理店へ日本人の4人家族が入ってきました。えっ、私の藤沢の自宅の向かいの家の家族です。2年前からアムステルダムへ赴任していることは知っていましたが、ここに登場するか？

「やぁ、久しぶり。ここで会うとはねー」と話しかけると、「やぁ、元気？　今日は息子の誕生日なので外食でお祝いさ。」「えっ、リョウくん、7月7日が誕生日か！」。私は監督の横の席に戻り、「監督、ここアムステルダムは7月7日、七夕、天の川だらけですわ。」とやや興奮気味に話しかけました。すると監督の口から「恩田さん、明日急いで日本に戻り、奈良・吉野の天河神社で最後の撮影をするんだよ。」と聞かされ、またもやびっくりです。「天河」と云えば「天の川」ですよね、と念を押してしまいました。

監督はうっすら笑っていました。

奈良・吉野の天の川

「監督、何をされているのですか？」

「実は内緒だが、映画を撮っているんだよ。」

「えっ、何の映画ですか？」

「天河神社の一年の四季折々を縦軸に、そこに宇宙飛行士とか、象さんとか、トマトさんが横軸に入ってくるんだ。」

「ふ〜ん、何か分からない映画ですね。」

「ははは！」


私は遠い遠い昔、12歳の時へ想いを馳せていました。叔父がどうせ教師になるなら、山奥がいいと、奈良・吉野の山奥の小さな中学校へ務めたのです。吉野は川には鮎が泳ぎ、夜は満天の星空で良い所だから夏休みに来いよと、言われて、一か月ほど滞在しました。夜、校庭で星空を見上げると、モヤーと雲のようなものが気になりました。地元の同級生の女の子に聞くと、「天の川だよ。」言われて、急に感動がこみ上げてきました。

「監督、オレ、吉野、大好きなんですよ、絶対、観ます。」

この映画こそが、その後2年半ほどして公開された「地球交響曲」です。

しかし、吉野・天河神社の四季折々はありませんでした。何故？

3・11東日本大震災

その後は監督からガイアの新作案内や、地球交響曲の題字を書かれた伝統舞踊家の西川千麗さんの創作発表などに声を掛けてもらっていました。千麗さんが宇野千代さんの『薄墨の桜』をテーマにした京都での舞台へは、千代さんも監督も来られていて、公演後はロビーでお二人のおもしろトークが繰り広げられていきました。そんな中、監督から名指しされ、展示されている千代さんの色紙『満八十八歳』を大きめの声で読まされたことは思い出深いです。

私は広告会社を卒業後、農業修行のため仙台へ行っていました。その年、第七番の完成で仙台の上映会に監督も登場され、そこで監督と再会しました。

そして翌年、あの大震災がやってきたのです。

私は街中で農業法人と放送局共同の青空市を運営していましたが、ただならぬ事態になることは予想されました。運営スタッフは対応に追われ最後はキッチンカーで雑魚寝する長い長い一日でした。農業修行は断念せざるを得ない事態となり、仙台での居住生活も断念し、東京で震災復興の番組作りに専念することにしました。

龍村監督連続講座「秘められた宝探しの旅」

番組作りは一回2本録りでその週はかなり制約されますが、それ以外は農業と違って時間の自由がきく状況でしたので、当時龍村仁事務所が企画した、「秘められた宝探しの旅」と題する連続講座へはほぼ皆勤でした。講座の初回に顔を出した時に、監督から「なんでお前みたいなのが来るのだ？」と言われ、答えづらく「時間があるから来ちゃいました。」とその場を繕いました。

その講座は時々、ボブ・サムや榎木孝明さんなどサプライズゲストもあり好評でした。濁川孝志教授も、その講座会場で受講生に紹介されていました。名嘉睦稔さんが登場された時の事です。監督から「沖縄のボクネン・ミュージアムへみんなで行ってみないか？」と声がけがあり、沖縄ツアーが計画されました。参加者は22名でしたが、男子は2名です。さぁたいへん、私は女子20名の名前を覚えることと、シャッター押しと、食事時のサービスとか愛嬌振りまきに大忙しになりました。しかしお陰様でツアーを終えるころには、この歳でこんなに友達ができるのかと、60歳代オジサンは喜びました。そしてその後の連続講座の後は一杯飲む仲間がどんどん集い、ついにはその仲間たちは自分たちのことを連続講座から生まれた「コガイア」だと名乗っていきます。そしてコガイアを中心に「第八番」コールの声はだんだん大きくなっていくのでした。

睦稔さんと監督の密談

第七番の完成後、これでガイアシンフォニーも一応切りをつけ、第八番はないと云うのが定説のようでしたし、監督の口からも決して第八番の話は出ていませんでした。しかし、私は「第八番」を小耳にしたのです。ツアーの折、ボクネン・ミュージアムの2階のレストランに併設された屋根をくり貫いたテラスで、監督はタバコを吸いながら睦稔さんにささやいていました。その光景を見て、私はタバコを吸いに来ましたとトボケ、お二人に割って入りました。すると案の定、「第八番」の話ではありませんか。

「監督、やはり第八番を考えていたのですね。何なりと手伝いますよ。」と投げかけると、「うん。考えている。いずれプロデューサー候補の何人かを、君に紹介するから暫し待ってくれ。」と云うコメントでした。監督は3・11大震災から悩んでいたというか、考えていたのか。この震災が何を意味しているのか？　何を感じて、何をせねばならないのか？　この様な心情であると勝手に私は受け止めていました。

一方、私はラジオ番組で震災復興と銘打って、取材や台本ネタを用意する制作活動をしていましたが、「復興」と云う単に言葉に流されている自分を反省すると共に、考え直す時期かとも思っていました。監督の思いを聞きながら「真の復興」とは何なのか、自分なりにも考えてみたいと強く思い始めました。こんな思いをコガイアのメンバーに話しているうちに、監督へ「第八番」宣言しましょうと、提言する仲間がさらに増えていきました。

第八番への願い

その後いろいろな経緯の中で、私が第八番の制作プロデューサーとして携わることになりました。立ち上げ当初、監督から「恩田、楽しくやろうな！」といつも声を掛けられますが、スタートしてみると思わぬ事態が次々と起き、それに対応することが役割、役目になっていきました。それでも、そんな状況の中、私は第八番制作に関してささやかな二つのことを願っていました。これは、監督にも面と向かっては言っていないことです。

一、作品の総時間の2時間切り。

二、天河神社が全編の軸であって欲しい。

この二つは監督が仮編集作業をされているとき、監督のうしろ背中に立ち、合掌して無言で祈っていました。

監督って凄いですね。言ってもいない願いを、二つとも叶えてくださいました。

一、総時間1時間55分。…マラソンだったら凄いことです。ガイアでも初の2時間切りです。

二、天河神社が全編の軸。…アムステルダムで監督から聞かされた吉野・天河の縦軸構想に、ついに25年越しで出会えました。

監督、ありがとうございます。

監督から言われ続けたこと

第八番の制作中は監督と一緒にいることが多かったわけですが、上映会や講演会へ出かけると「トイレ?・」「タバコ?・」「アメ!・」は必ず言われます。今ではタバコ飲みは本当に少なくなり、監督と一緒にぷかぷかする稀少価値の私だったのかも知れません。そしていつも何気ない話題でも、先ずは「オマエはどう思うのだ?・」と突っ込まれます。

「そんなにいつも、何もかも考えているわけではありません。」と答えるわけにもいかず思いつくまま答えると、「そうじゃなくて」とまた切り返されます。これはこれで、結構大変でした。また第八番のPRなどのために、いくつか文章を書いたりするのですが、これもまた、その文章に「自分を出せ!」と先ず一発やられます。そう言われると、「自分とは何なのか?」と考え込んでしまい、ますます自分も文章も分からなくなってゆくのです。やむを得ず書き直した文章をみせると、「ほら、少し色気が出てきた。」とは言ってはくださいました。気遣いでしょうねぇ?

監督、残念ながら今もって「自分」がよく分からないヤツのままです。

この寄稿文を依頼され書いていて思うのですが、文章を書くということは大変ですね。実は何度も書き直しをしていますが、なかなか納得のいく文面になりません。しかし、この依頼がきっかけで宇野千代さんの言葉を思い出しています。

「机の前に座って、ペンを握り、さあ書く、と言う姿勢をとることが大切なのである。

自分をだますことだ。自分は書ける、と思うことだ。」

ところで、監督は文章上手いっすね。

「たとえ明日、世界が滅亡しようとも今日私は机の前に座って、書く。」

恩田映三（第八番制作プロデューサー）

名嘉睦稔（なか　ぼくねん）

名嘉睦稔は沖縄在住の版画家、ガイアシンフォニー第四番の出演者である。沖縄の離島、伊是名島の自然の中で育った睦稔は、沖縄に吹く60もの風を知っている。その全てに名前があり、それぞれに感触と匂いがあるという。

子供のころから絵を描くのが好きで、好きというよりも、そんな意識すら持たず呼吸するがごとく当たり前に絵を描いていた。小さい頃は、しかし絵を描く紙など身の周りには無く、近くのおばさんに頼んでセメント袋の切れ端をもらい、それに絵を描いた。睦稔が何度も何度も繰り返しセメント袋をねだるので、おばさんはそんな睦稔を呆れ顔で見ていたという。

東京千鳥ヶ淵で開催された小さな個展の会場で、初めて龍村は名嘉睦稔の絵を観た。睦稔の絵は観た方が良い、とガイアファンの知人が龍村に勧めたのだった。この知人の直感に龍村は深く感謝しなければならない。龍村はオープンセレモニーの会場にいた睦稔に挨拶することもなく、ただただ絵に見入っていたという。その日の予定行事がすべて終わり、懇親会の席で初めて龍村は睦稔と会話を交わすことになった。挨拶もそこそこに開口一番、龍村は言った。「僕の映画に出てもらいたい」と。一方睦稔は、その時ガイアシンフォニーという映画を知らなかった。しかしこの監督の言葉で、睦稔は自分がその映画に出ることを確信した。以来、龍村と睦稔は真の兄弟より深く心を交わすようになる。ある時龍村は言っていた。「睦稔は凄い。俺が必要とする時に、必ず向こうから連絡をしてくる。まるで俺の心を見透かしているようだ。」

この日の展覧会において、睦稔の人となりを表す面白いエピソードがある。この日、睦稔の絵の論評を書くために高名な美術評論家が来場していた。この批評家に作品を評価してもらえれば、それは名誉なことであり名前を売るチャンスでもある。一方その日は、子供たちから老人まで睦稔のファン達が彼とひとこと言葉を交わしたくて、握手をしたくて会場に長い列を作っていた。睦稔はひとり一人と丁寧に言葉を交わし、握手をした。そんな中、高名な評論家が睦稔に近づいて何か言おうとしたが、その時睦稔はファンのおばあちゃんと話しており、途中で止めることはできない。あくまでも丁寧に対応していた。結果的に、評論家は無視されたような格好になってしまった。なんと無礼な無名作家の態度であろうか、と評論家には映ったに違いない。

睦稔は言っている。小さいころから、年寄りに一目を置き大切にする文化の中で育ってきた。おばあちゃんとの会話を途中で遮ることなどできない。そんな失礼なことは、できない。おそらく評論家も列に並んで順番を待てばよかったのだ。結果、その評論家が睦稔の絵の論評を書くことは無かった。

龍村は書いている。名嘉睦稔は少年時代、時に風速40ｍにもなる台風の風を利用して飛ぶことができた、と。裸になり吹く風を正面から全身に受けて、両足を踏ん張り、身体をギリギリまで前傾させる。雨粒が裸の身体を叩きつけ、それはまるで無数の小さい針が突き刺さるように痛い。しかしじっと耐えて、さらに両手を風に掲げる。やがて痛さのため、全身の皮膚感覚が麻痺してくる。それでもジッと我慢して前傾を続ける。すると不思議なことが起こる。身体は地面に接するかしないか、ほとんど平行になるまで傾いて止まり動かない平衡状態ができる。一瞬宙に浮く。飛んでいるのだ。そして、この少年時代の風との交歓の体験により、睦稔は身体の内側に風の言葉を聞く力を宿したという。（『地球（ガイア）をつつむ風のように』36頁）

名嘉睦稔の絵の中には、さまざまな風の伝言がある。彼自身さえ体験したことのない遠

い昔の風、彼自身さえ、行ったことのない海の底や森の奥からの風、月や星、太陽からの風、そして目に見えない妖精たちの世界からの風が、彼の絵を通してこちらに吹き抜けてくる。それはたぶん、幼いころからの沖縄でのさまざまな風との出合いを通して、彼自身が〝風の通り道〟になってしまったからだろう。その風に乗せてもらって、我々も自在に旅ができるのだ。

『地球(ガイア)をつつむ風のように』37頁

睦稔の作品は、風の伝言だという。そして彼の作品を目の前にして、僕らも自在にその風に乗り旅ができる、と龍村は言う。なんと自由な旅なのだろう。

沖縄には、樹齢数百年のデイゴやガジュマルの大木には、〝キジムナー〟と呼ばれる樹の妖精が棲んでいる、という言い伝えがある。そのキジムナーについて、映画の中で睦稔はこう言っている。

キジムナーは身の丈60センチぐらい、全身が真っ赤で、髪はボサボサに伸び腰のあたりまで垂れ下がっている。顔は年寄りなのか子どもなのか、そのどっちとも取れる顔をしている。寂しがりやで、いつも人間と友達になりたがっているのだが、同時にとてもイタズラ好きで、時に人間にひどい仕打ちをすることもある。牛を簡単に持ち上げたり、サバニ（船）を一夜のうちに海から山の頂上に運んでしまったりするほどの力持ちなのだが、なぜか小さな石だけは持てない。

睦稔は子供の頃、キジムナーにとても逢いたかった。しかし同時に、キジムナーは恐ろしい存在でもあった。だから、いつもポケットに小石を入れていた。睦稔は一度だけキジムナーに逢っている。それは、樹齢４００年のデイゴの樹の上だった。かすかに揺れる葉の向こうに、ジッと自分を見つめる二つの真っ赤な目があった。悲鳴をあげ樹から飛び降りた睦稔は、後も振り返らず、一目散に母と祖母の待つ家へ逃げ帰ったのだった。キジムナーのような妖精、妖怪はかつて日本中にいた。この手の物語と共に、人々は自然への畏怖、大いなる存在を意識しながら暮らしを営んでいた。そこには、今よりもう少したおやかな時間が流れていた。文明やテクノロジーはあらゆる物を白日の下に晒し、理屈で説明しようとする。しかし世の中から怪しいもの、わけの分からないものが無くなった今の世界は何とつまらないことだろう。
キジムナーに逢えるのは、それを信じれる者だけなのだろう。キジムナーを信じる睦稔は、今でもかつての世界に暮らしている。

世界中の子ども達が、たっぷり、幸せを獲得しても、この世の幸せは少しも減りません。まだ、いっぱいあるんですよ。ここ（ガイア）はそういうとこなんですよ。

映画『地球交響曲（ガイアシンフォニー）第四番』の中で睦稔が述べている言葉である。キジムナーに逢えた睦稔少年は、きっと幸せをいっぱい貰って生きてきたのだと思う。沖縄の風をいっぱい浴びて。

魂の友5

名嘉睦稔
火より孵化(シディ)る

1996年、東京・千鳥ヶ淵のプティミュゼ美術館での個展の際、そのオープニングの現場で、わたしは龍村仁監督と初めてお会いしたのでした。多くを語らぬのに、すぐにうち解けて、わかり合えた同志のようにお互いの肩を抱き合いました。展覧会初日である故、人々に対応するのにわたしは必死の体でしたが、見返ると向こう側で監督が静かに笑っていました。わたしが話したい思いをしているのを背中に見て取って居られたのでしょう。初対面であるのにまったくそんな感じがしない。古い時から親しかった懐かしい人。あるいは、記憶の古層から訪ねてきた兄弟。そんな気が強くしたのでした。

「地球交響曲～ガイアシンフォニー」、その映画をわたしは知りませんでした。「宝の箱」を開けて、目映(まばゆ)い存在を知る驚きに似て、目がくらむ思いをしたものでした。「宝物」は言います。「人智をはるかに超えた『ガイア』の超高度な『生命システム』にわたしたちは生かされている」。ちょうどわたしは、連鎖する生命全体の繋がりについて思索を連ねて絵を想っている時だったので、この宝物の映画作品には、強い共感と深い感動を覚えたのです。

それから程なくして、わたし自身が出演者になってしまうのですが、狼狽えたのは言うまでもありません。当然ながら、これまでの出演者の偉大さに自分が適うはずも無いと思いつつも、しかし事は進み、とうとうわたしは映画の中に入ってしまうのでした。

撮られたから直接的にわかるのですが、監督は絶妙なインタビュアーでした。当意即妙。その場で気を読み取り、心の顕れに添うように話しかけてくる。質問するというのではなく、話し合う感覚なのです。ひとつのシーンをいつの間にか撮影し終えて、場所を移動して別のシーンの開始まで、話には明確な途切れがないままに連続していたように思うのです。対象に緊張も弛緩も与えぬ内に、必要な事が切り撮られているという巧妙な間合でした。

更に有難い事に、わたしは龍村映画の要とも言える編集現場に居させてもらった事が何度かあります。監督の背後で緊迫した時間を共有したのですが、1秒を幾つにも割った単位の中でフィルムを繋げるその様子は、鬼気迫る情景で今でも鮮明に記憶しています。唸りながら監督が探しているのは、たった1点の場。そこにしか無い処。機器に抱き付くようにして、頻(しき)りにボードを叩く背中を見ていますと、こっちまで困憊してくるのでした。

龍村監督の映画の特長は、深い哲理をそのインタビューの中に発見して、的確なナレーションと共に紡ぎ、これまた絶妙な機宜で映像がこれに編まれてゆく事にあると考えるのですが、もうひとつ重要なものは、音楽の選択とこれの挿入の間合いでありましょう。人間の五感の機微を鋭く突いて迫ってくる音楽と言葉と映像による〝心のあらわれ〟は、日常の生活の地平線にそれがある事を指摘しているのだと思います。

ある時、わたしは思う事があって、文字入りのTシャツを作成して監督にさしあげた事があります。それは、「火より孵化(シディ)る」と言う言葉を胸にプリントしたものでした。猛火の中から更生するという意味のものでしたが、監督は頻繁にそのTシャツを着てくれて、時に思い付くと、それをくれた理由を聞きたがり、またその意味する事を思い深く語っていました。「業火の中から……」と、何度も繰り返し言われるので、改めてわたしも、その意味するところを思い返すのでありました。

いま監督は、「地球交響曲・第九番」の制作の渦中にあります。心身ともに極めて困難なその状況の中で、必死な形相の監督を見ていますと、わたしの胸には迫りくるものがあります。しかし、そうではあるにしても、いまわたしたちが気を詰めて念願するのは、やはり映画の完成です。その制作の渦中より、真に、「火より孵化る（シディ）」不死鳥のようにあってほしい。いまは、ただそれだけを祈念する思いです。

2019年12月17日　沖縄にて　名嘉睦稔

野中ともよ（のなか　ともよ）

野中ともよ。ガイア・イニシアティブ代表。龍村がNHKにいた頃からの応援団である。野中は、上智大学卒業後、大学院を経て米国ミズーリ大学コロンビア校の大学院で学び、日本に帰ってからはジャーナリストとして活動を始めた。NHKや民放の報道番組でキャスターを務め、その後2002年三洋電機の社外取締役、2005年代表取締役会長に就任。ここで野中は、大きな仕事をした。〝Think GAIA〟という地球環境に配慮した会社運営、製品づくりを掲げ、三洋電機の主要ビジネスの改革に取り組んだのである。〝Think GAIA〟、それは地球環境の改善を念頭に、「地球環境問題へのチャレンジ」「クリーンエネルギーの創出」「地球と共生する生活の提案」の3つのコンセプトを掲げ、組織改編や製品開発に取り組むという三洋電機全体の意識改革でもあった。代表的な製品に、我々にも馴染みの充電式電池eneloop（エネループ）がある。我々現代人の生活に欠かせない乾電池には、水銀や鉛など有害物質が含まれる。これが使い捨ての場合、世界規模で見ればとてつもない数の乾電池が廃棄されることになり、それは甚大な環境負荷となっていた。そこで野中の三洋電機は、繰り返し何千回も充電が効き、半永久的に使用できる電池、eneloopを開発したのだ。野中のコンセプトを見事に反映した実に画期的な商品だった。このエネループ電池を第一号にして、その後数々に誕生していく一連の「eneloop universe products」は、２００７年に日本産業デザイン振興会の「グッドデザイン大賞」を受賞している。製品のデザインもさることながら、〝Think GAIA〟を具現していく「エネループ・ユニバース」（使い捨てない製品群）という経営コンセプトデザインそのものも大きく評価されての受賞であった。

この〝Think GAIA〟というコンセプト、そしてネーミング、それはジェームズ・ラブロックのガイア理論から来ている。つまり映画ガイアシンフォニーと同じ。野中ともよは、龍村仁と同じ方向を向いていた。野中は現在、この〝Think GAIA〟のコンセプトを社会で具現するための活動として、NPO法人『ガイア・イニシアティブ』を組織し、地球環境問題解決を目指し、政府・消費者・企業に向けて様々な活動を展開している。その活動が最終的に目指すところは、「子供たちが楽しく生きて、死んでゆける社会の創造」である。子供たちとは、すなわち「未来」を意味する。〝楽しく生きる〟だけでなく、きちんと〝死んでゆく〟ことまでを視野に入れたこの発想は、生活の質を無視しいたずらに延命を図ろうとしがちな現代社会において、人生の意味を考える上でとても重要な視点である。〝死〟は〝生きること〟の重要な一部なのだと野中は言う。そしてもう一つ、野中が働くときに最も大切にしている考えは、傍を楽にすること。自分の周りの人々を楽にし、笑顔を生み出すこと。つまり働く（はたらく）とは、傍（はた）を楽（らく）にし、笑顔を生み出すことなのである。かつて野中が創った小さな会社の社是は、「すべては笑いのために」だった。笑顔こそ幸せの象徴、と考えたのである。傍を楽にするために働く。この利他に根差した精神は、やはり龍村を支援した稲盛和夫の思想と相通じるものがある。野中にこのような思想を植え付けたのは、両親の教育方針だった。「ともよ」という名前を授かった経緯と親の教育方針に関して、野中は次のように述べている。

私の「ともよ」は本名もひらがなですが、その理由を父は私にこう話してくれました。「君が大きくなるころ、地球はどんどん小さくなっていろいろな人たちが行き交うようになる。だから君は、肌の色も目の色も違うどんな人とも〝Oh my dear friends!（友よ）〟とハグできる女性に育ってほしい。それで、〝友世〟にしようか〝共世〟にしようかママと話したんだけど、漢字を使うと君の人生の意味を決めてしまうことになるから、ひらがなの〝ともよ〞に決めたんだよ」と。
そして「友達というのは、その人の役に立ってあげられる人。働（はたら）くというのは、傍（はた）を楽（らく）にしてあげることだ。人の役に立てるような人間になりなさい」というのが両親の教育方針でした。

『「終わりの始まり」の今こそ、笑顔で元気にさわやかに！』

未来を予見した、なんて素敵な教育方針だったことだろう。地球の未来を真剣に考え、数々の要職を歴任しながらグローバルに活動する野中ともよであるが、彼女はこのような両親の下で生まれ育ったのである。このような野中の活動、とりわけその活動の元になる思想は多方面で高く評価され、2001年に経済界大賞「フラワー賞」を、そして2019年には全国日本学士会「アカデミア賞」を受賞、現在は、あの「成長の限界」を70年代に発表したローマクラブの正会員でもある。

さて、野中と龍村の出会いである。野中が龍村仁の存在を知ったのは、彼女が上智大学の学生の頃だった。当時の日本社会の中には〝NHKは信頼できる〞、〝NHKの報道こそが真実である〞、という妄信的な誤認があった。そのような一般的風潮の中、NHK職員でありながら敢然とＮＨＫを敵に回し、その欺瞞に満ちた体制を堂々と批判する男がいた。男の訴えに、野中は大きく共感できる部分があった。その男こそ龍村仁であった。龍村の弾けたロックンロールのような生き様は、若い野中にはとてもカッコよく映ったに違いない。出で立ちも上下革ジャンにサングラス。まさに、ロックの世界を地で行くような当時の龍村の風貌であった。

野中はＮＨＫ批判のビラ配りを手伝い、大学に龍村を呼び映画『キャロル』の上映会を催すなどして龍村との親交を深めていった。その後龍村はＮＨＫを辞め独自の映画創りを始め、野中は米国留学を経て上述のような活動を始めたのだが、二人の交流は今も途切れることがない。ガイアシンフォニーの上映会やアースデイその他のイベントで、何度も龍村とトークセッションを重ねている。そんな野中のガイアシンフォニーへの想いは、八番公開時に寄せた次のメッセージによく現れている。

四半世紀近くも前に、このままでは地球は、いえ、私たち人類は、かなり病んでいくから、早く気付こう…そして、始めよう…出来ることから、動き始めよう…

そんなメッセージを通奏低音に響かせながら、私たちに届けてくれてきた『地球交響曲ガイアシンフォニー』。ある時は、軽やかな「メヌエット」で。ある時は燃えるような情熱を生きる、素晴らしい人々の生き様を奏でることで…。自分の生き方に霧が立ち込めるとき、ここへ戻れば、必ず何かをリフレクトしてくれる「鏡」のような作品群でした。（中略）地球の上では、いまも、ある「宗教」を語りながら、カタチのない「国家」を謳い、殺戮テロを繰り返す生き方や、資源の収奪を目的にする戦闘行為や差別など、まだまだ愚行の数々が続きます。

この八番の調べが、地球に生かされている存在でしかないわたしたち、すべての「いのち」に共振し、共鳴の和が繋がっていくことを信じています。

モーツァルトは、全部で45曲の交響曲を残してくれています。まだまだ、これからですからね、**監督！**

『地球交響曲第八番　コメント』

今我々現代人は、世の中で起こる様々な出来事を要素還元的に、個々の独立した事象として捉え分析する傾向がある。しかし、地球上のすべての存在は繋がりの中で生かされ、繋がりの中でしか生きて行けない。どんなに強くても人間は一人では生きられないし、人類と言う種も多様な生物種に囲まれた生態系の中でしか生きられない。社会現象に関しても同様の事が言え、地球規模での諸課題は全体を俯瞰的に捉え、相互に影響しあう繋がりの中で考えないと本質が見えてこない。つまりは、地球全体を一つの生命体と考えたラブロックの視点が必要なのである。龍村仁が映画を通じてこのガイア理論、コンセプトを伝えようとしたのに対して、野中は経済活動を通じて、ある意味即物的にこの概念を我々の実生活に導入しようと試みた。しかしその眼差しは同じところを向いている。即ち、ガイアの未来、人間の未来を見ているのである。

魂の友6

野中ともよ

そういうことなんだよなぁ

ある時は小さく頷きながら。ある時は、すこうしだけ目を閉じて……。

ここ数年の、龍村監督辞書の、よく使われる語彙ページの筆頭株だ。どんな時にも、たとえ、どんな目に会おうとも、抗うこと無く向き合う。そして、その状況を受け入れ、沈殿させる。で、次に、口をついて出てくるのが、このフレーズなのである。

一呼吸おいて、誰に言うともなく響く、ささやきのような「ことだま」だ。

監督との初めての出会いは、かるーく40年を超える。当時の監督のお召し物（！）はまるで、えーちゃんこと、矢沢永吉さん率いるキャロルそのもの。天下のＮＨＫ職員ですよね？のクエスチョンマークが、きっとどなたの頭の中にも描かれたと思う。サングラス、というより、グラサン。革ジャンを片方の肩にヒョイと掛けて、お招きした四谷の大学に現れて、講演。「報道の自由」を純に学び、社会権力にしっかり対峙し、市民の権利と自由を守ることこそが、ジャーナリズムの基本使命である、と熱く信じる学生の一人として、話を聞いていた。

「報道の自由」のために闘う、言論人で芸術家。ちょっと猫背で小柄だけど、元京大ラガーの揺るがない体幹は、精神も鋼鉄に鍛えながら、巨大組織にがっつり立ち向かい、タックルを仕掛けていた。カッコいい！　触発された学部学生たちで、ビラ配りなどお手伝いしたのも、懐かしい思い出である。結果は「懲戒免職」と言う輝かしい足跡を残して、仁さん（呼称はまだ、監督ではなくファーストネーム）はフリーランスの道へ。そう、半世紀近くになる昔の、あの頃は「抗わない」どころか、尖りっぱなしの、怖いもん知らず。何処からでもかかって来い！と言わんばかりの熱血漢でいらしたのである。

移り変わる経済の軌跡は、社会の気分も構造も容赦無く変えて行く。日本社会も、戦後の焼け野原の克服を卒業する勢いを遥かに超えて、世界第二の債権国へとまっしぐら。その中で、湧きでるバブルに踊って、弾け、ふたたび克服……。そんな中で、時代の影響をダイレクトに受ける「映像制作会社」を自ら設立し、生き抜かれてきた仁さん。様々な人生模様を紡いでみたり描いたり。踏み込まれたり、踏み込んで蹴飛ばしたり、蹴飛ばされたり……がおありになったのだろう。15、6年ぶりにお会いしたときは、全く別のエネルギーを纏った仁さんがいた。

恋多きＢｏｙ。地球のあちこちを行くＢｏｙ。伝統の龍村家の血をひきながら、反発係数とともにプライド高き京都のＢｏｙ……。

それぞれに、いたく尖りながら同居していたペルソナが、尖がった先をまあるく丸めた金平糖のように、一つの和かな笑顔にくるまっている。エネルギーは、相変わらず熱いのだけれど、まあるくて、軽やかに、スポーティーな監督の風が吹いていた。お召し物も、すっかりの自転車シティボーイ風に。

日本そのものが大きく変化を始める21世紀に向けて、『地球交響曲ガイアシンフォニー』という、まさに監督マエストロの手による、新しいメッセージ手法が拡がり始めていた。上映館と配給元と制作サイド。それまでの映画業界の「あたりまえ」が、静かに壊れていった。好むと好まざるとに拘らず、追い詰められ、拒絶された末のことだけどね、と、監督。静かに笑いながら二十年近くになるご無沙汰を埋めてくださる会話が弾んだ。

『そういうことなんだよ』。この頃のフレーズには、強い語気で、自身を納得させようとする力がエコーしていた。

時々の雑誌対談やら、短い映像エッセイやらのご縁をいただきながら、丁度21世紀の始まりにあたる頃だったとおもう。『地球（ガイア）のささやき』が単行本として出版されるというので、監督からその「解説」を書くように、と依頼を頂いた。大好きな一冊、もちろん喜んで書かせて頂いた。ささやく、という字は、口に耳三つ。囁く、と書く。監督は、そんな小さき者たちに宿る、かそけき真実のささやきを集め、大きく太い地球の声として編み込んでくださる。三つも四つもの耳のみならず、全身全霊を傾けて聞き取り、様々な土地で、夫々の生きかたを貫く、お一人おひとりの人生映像に変身させていく……確かそんなことを書かせて頂いたように思う。たくさんの著書を出されている監督だが、この書に響く監督独自の感性は、他書を圧倒する。しかも、徹底して柔らかく、力まない。真摯に「性」を語り、「いのち」や「神」に向き合って、綴る。監督の、身体と精神を貫いて走る「魂」を理解するには、決して忘れてはならない一冊であると思う。

当時は、時あたかも第四番の制作を決め、走り始めたタイミング。「ガイア」の名を、遠くギリスのギリシャ神話の世界から呼び戻し、科学的論証に基づいて世に送り出してくれた、イギリスのジェームズ・ラブロック博士をフィーチャーするのだから、監督の覚悟も相当なもの。渦巻く課題にも、軽やかに、でも時に「グラサン」時代の怖さも醸し出しながらタックルなさる姿が、印象的だった。交響曲としての曲調がひとつ完成された時だったのだとも思う。

私自身の、子育てや海外での仕事も多く始まり、接点が少なくなっていく時期もあったが、ご子息の学校のことなどなど、何かあればお茶する時間はないんだけど、ちょっといいかな？のチャットがあった。いつも、どこかで誰か彼かの繋がりで、監督周りのインフォメーションはいただいていた。様々な試練の嵐が吹いている、歯がやられた、骨折なさった、とてもお元気、いや、塞ぎムシになっていらっしゃる……などなど。

でも、耳には、いつも、あのフレーズが響いてきた。

『そういうことなんだよなぁ』。達観でもなく、諦めでもなく、自分を開けて、受け容れて、ゴタゴタを沈殿させていく。きっと、天下の楽観力が、魂を強く支えていらっしゃるのかもしれないが、その奥で何かがフワッと、そこにあった。何なんだろう？といつも思っていた。

いま、こうして『地球交響曲ガイアシンフォニー』第九番が胎動し、世に産み出される時を迎えた。監督の周りで、監督を支え、監督に教え教えられ、叱咤激励し、激励されてきたたくさんの方々を思う。存じ上げないたくさんの方達の存在も。そして、浮かぶ、あの顔、あの方達……。皆さん方の心の中に浮かび、刻まれてきた「監督」の姿を思う。どんな仕事であれ、企業であれ、人は、一人では何もできない。とりわけ「個性」の強さと我儘さこそが、創作エネルギーの源となる映像「アート」の世界である。その中での、監督という存在……。皆さんの技と、忍耐と、大きな愛がなければ、私たちは、龍村ワールドのファンにすらなることは出来なかったと思う。

ここに、あらためて、一人の監督ファンとして、そうして彼を支え続けてきてくださった、たくさんの皆様に心からの感謝を表したい。

もちろん、監督、龍村仁さん。あなたには、格別の、山盛りの、感謝をお送りさせていただきます。

あなたがいなかったら、私たちは地球人（ガイアン）として持って生まれたリテラシーに気づくことなく、人生を閉じていっていたかもしれません。本当に、ありがとうございます。九番撮らないで死ぬわけにはいかないでしょう、といつも仰ってますが、作ったから、といって死ぬわけにいかないことも、この時点で、強く申し上げておきますよ。モーツァルトの45番まで頑張ってください、とは、もう申し上げません。

ベートーヴェンで許して差し上げます。聴力を失ってなお、あのエネルギーに満ちた第九を描き上げた、ベートーヴェンです。プライベートの世界も含め、病も含め、栄光や成功の蜜の味を知るからこその、不安や恐れや絶望を越える勇気とエネルギー。監督も、尽きぬガイアへの愛とともに、再び私たちの前に龍村ワールドを届けてくださるようお願いして、ひとまず、監督、ごきげんよう。

追伸：そうそう、『そういうことなんだよなぁ』のエコーの奥に、いつもあったふわっとしたもの。わかりました。監督の、魂のおヘソと宇宙が繫がっている、「いのちの臍の緒」エネルギーのモアモアふわり、の存在でした。

野中ともよ

榎木孝明

（えのき　たかあき）

榎木孝明。映画俳優としての榎木は説明不要かも知れない。多くのテレビ番組、映画に出演し、その名前や顔を知らない人は少ない。榎木は、これまで8作あるガイアシンフォニー全てでナレーションを務めている。その透き通る重低音の声がガイアの映像や音楽と重なる時、僕らは榎木の言葉に無限のイメージを膨らませ、やがてそのイメージは観た者の中で醗酵し豊かなメッセージを残してくれる。榎木孝明、ガイアシンフォニーには無くてはならない存在である。しかし不思議なことに、榎木も龍村も二人の出合いを覚えていない。ふと気づいたら龍村監督と知り合っていた、と榎木は言う。龍村も同じことを言う。ガイアシンフォニーの一作目ができる以前のことだから、出合いは既に30年以上前になるのだが、それだけ二人は自然に溶け込んだということだろう。映像にナレーションをかぶせる編集作業、そこは龍村と榎木が魂を込めて映画を創り上げる真剣勝負の場である。榎木は龍村の編集を評して言う。それは、「コンマ何秒という精度で、音楽の配置や、映像の切り替えを指示する驚異的な精神集中の場」であると。榎木が見つめる編集作業の龍村の姿には、鬼気迫るものがあるらしい。実際編集段階に入ると、龍村は寝食を忘れ、タバコとコーヒーだけで日夜作業に没頭するのだ。映画を観る側の僕らにとって、そんな裏舞台を知る必要も無いのだろうが、映像、音楽、榎木のナレーションが一体となって醸し出すあの豊かな時間は、こうした営みの末生み出される。

榎木孝明という人間は、実は僕らが知らない多彩な顔を持っている。その一つ、榎木は絵を描く人である。その絵は素人の域を超え観る者を魅了する。旅の途上で描いた風景画が多いが、かつて歩いた景色の中に吹く心地よい風を、一人たたずんだ山麓に漂う暖かな陽ざしを、そんな懐かしい記憶を思い出させてくれる絵である。余り知られていないが、榎木は画文集だけでも既に20冊ほど出版しており、彼の絵を飾る美術館やアートギャラリーが全国に4か所もあるのだ。そもそも榎木は芸術の世界で身を立てるべく上京し、大学ではデザインを学んでいた。そんな自身の絵心を榎木自身は次のように捉えている。

役者を始めてすでに四十年程が過ぎますが、絵画はそれ以前から描いていたことを思えば、随分と永い時間が経ちました。いつも表現者でありたいと云う思いが、昔から私に筆を取らせて来ました。中でも水彩画は現場で完成させられる、私にとって最も身近な表現方法です。風を感じ絵に封じ込める瞬間は私の至福のひと時です。

『榎木孝明　オフィシャルサイト』

根っから描くことが好きなのである。それにしても、多忙であろう売れっ子俳優の、どこにいったい絵を描き文章を添える時間があるのだろう、と感心してしまう。そういえば僕が同席したとある会合で、版画家の名嘉睦稔が榎木に勧めていた。「榎木さん、今度は版画をやってみたらどうですか。榎木さんの版画を是非観てみたい」と。絵筆が彫刻刀になった時、榎木はどんな風景を描くのか。僕もいつか榎木の版画を観てみたい。

絵とも関連するが、榎木は旅する人である。絵はその途上で描かれる。仕事上の旅を別とすれば、旅先は圧倒的にインドやチベットなどアジアの辺境が多い。

旅は、取材旅行以外はいつも一人旅で、とても気ままなものでした。仕事の合間にひと月くらいポンと時間が空いたら、行きと帰りの飛行機のチケットだけを買って旅立ちます。出発するとき、これといった目的地は決めていません。私にはひどく能天気なところがあって、アジアへの旅に向かうほかの人たちが通常どんな準備をしているのか、気にしたことがありません。行く場所の下調べをしたこともないのです。あとで無謀だといわれることもしばしばです。

それでも、行けばなんとかなるだろうと考え、実際にいつもなんとかなる。それが私の旅のスタイルでした。

『30日間、食べることやめてみました』10頁

大好きなインドやチベットへの旅で、私は日本食を携（たずさ）えて行ったことが一度もありません。食事はすべて現地食でまかなってきました。

現地食がすべておいしいとは限りません。それでも、世界のどこへ行っても、現地の人が食べているものをいつもいっしょに食し、それに不満を覚えたことはありませんでした。

『30日間、食べることやめてみました』16頁

もちろん、常識にとらわれず、現地の生活へ足を踏み入れれば、新しい経験が得られる代わりに、現地食が口に合わず腹を下したり、荷物を盗まれたり、トラブルに巻き込まれ

たりなどの手痛い失敗も生じます。新しいおもしろさも見出せるかもしれませんが、その一方で、苦労もふえます。しかし、私は常に後者を選びたいと思い、実際にそのように行動してきました。

『30日間、食べることやめてみました』18頁

こんな旅をするのだから、帰国するときには体重が10kgほど落ちる。しかし逆に、体調は日本を発つ前よりもはるかに良くなる、という。病は気から。自由な旅は、榎木の精神を開放し、それが健康に良いのだろう。

この旅のスタイルに、僕は人間榎木孝明の本質が表れているように思えてならない。すなわち榎木孝明とは、既成概念や常識にとらわれないとても柔らかな人、風のように自由に人生を旅する人、そんな存在に僕には映る。風のように自由という意味では、先に取り上げたもう一人の画人、名嘉睦稔とよく似ている。そして何よりも龍村仁こそが、常識の枠を超えた自由な人である。類は友を呼ぶ。

常識にとらわれない、という意味で象徴的な榎木の行動の一つに、30日間に及ぶ不食がある。なんと榎木は、1か月間水以外ほぼ何も摂らずに普通の生活をした経験を持つ。普通の

生活、というのが凄いことで、不食を貫きながら当たり前のように役者の仕事をこなし、人付き合いもなんら普段と変わりなくこなした。飲食を伴う会にも参加し、しかしそこでは、それらしい理由をつけて水以外は口にしないのだった。不食を実践した時の自身の気持ちを、榎木は次のように述べている。

人は食べないと、どんどんやせ細って、動けなくなり、死んでしまう。それが常識とされています。しかし、それは、本当にそのとおりなのか。

現に私自身が、2週間程度ほとんど食べなくても、ピンピンしている。それどころか、頭の働きがクリアになり、体調さえよくなっているではないか。ならば、さらに不食を続けて、死ななかったとしたら、どうなるだろう。私はその先の世界を見てみたくなりました。

『30日間、食べることやめてみました』18頁

これは、榎木がネパール・ヒマラヤを旅した直後の感想である。「私はその先の世界を見てみたくなりました。」そして、榎木は実際にその先の世界を見にいったのであった。そこで榎木が何を見たのか。それに関しては、僕ごときが簡単に解説できることではないので、

ここで述べるのは控える。榎木の著書をご参照頂きたい。

榎木のもう一つの顔として、武道家の顔がある。若いころは、筋力を主体にした激しい武道を志した。武道の心得は、時代劇の立ち回りなど役者としての身のこなしにも反映された。しかし、今は全く異なる武道、古武術を志す。志すと言っても、既に達人の域にある。榎木の古武術の本質は、筋力や力で相手と対峙するのではなく、まったく別のものを使っているように見える。それはすなわち、意識やイメージの力である。僕は若いころから何十年も日常的に筋トレやスポーツを欠かしたことが無く、力だけは今も若い学生に負けない。ましてや、ほぼ同年代の榎木に負けるわけがない。ところが、あろうことか、全身に力を込め榎木を精一杯の力で押しのけようとしたとき、何もできず押し返されてしまう、という経験をした。まさかと思い、何度やっても結果は同じ。スッと真っすぐに立っている榎木に向かうとき、いくら力んでも自分の力が上手く出ない感覚なのだ。以前これと同じ経験をしたことがある。それは、有名な気功家と対峙した時だった。榎木の使う古武術の神髄は、おそらく〝気〟を操っているのだと、僕は推測する。かつて現代のような西洋式のトレーニング理論が導入される以前、日本人はこの種の力をもっと自由に扱えたのではないか、と榎木は言う。そして現代人の生活場面、例えば力を使う労働場面や介護場面、そしてスポーツ場面でもこの力を活かせるのではないか、と言う。古来日本人が長い歴史の中で育んできた伝統的な文化や所作の中に、現代に通じる何か大切なものが潜んでいる。それを榎木は現代人に伝えたい、と願っているようだ。

ガイアシンフォニーという映画は、乱暴に言い切ってしまえば、凝り固まった〝現代の常識〟というしばりから我々を解放し、その先の可能性を示唆する映画である。それは、何度も引用する龍村の「かつて人が、花や樹や鳥たちと本当に話ができた時代がありました」という言葉に象徴される。榎木は言う。本来私たち人間は無限の可能性を秘めているのだが、〝常識〟という壁がその発現を妨げている、と。不食の実践も、その常識にチャレンジするために、人間の無限の可能性を確かめるためにやってみた、と。龍村にも榎木にも、常識の先に横たわる大いなる世界が見えているのかも知れない。

魂の友7

榎木孝明

龍村仁監督と私

この四半世紀以上の長きにわたり、地球交響曲（ガイアシンフォニー）のナレーションに参加させていただきありがとうございます。私にとってこの仕事は、いえ仕事とは呼べない感覚ですが、私が私であることを、そして自分の存在理由を、つまり本当の自分を思い出す至福の場であると言えます。

時々監督との出会いを聞かれますが、いつどこでどのように出会ったのかは忘れてしまいました。それもそのはずです。出会うべくして出会う運命に組み込まれていると、いつどこでどのように出会ったのかは重要でないので、記憶に残らないのも当然かと思います。大体ガイアシンフォニー自体がシンクロニシティーの賜物ですから、私もその一環にいたと言うことでよろしいでしょうか。

さて自分の記憶についてお話をしましょう。まだうすらぼんやりとしたところもありますが。これまでに数限りなく輪廻転生を繰り返して来ました。今の肉体は借り物であって、死んだらまた魂の世界に帰って行くだけですから、過去を悔やんだり未来を心配する必要もなく、今を大事にして生きることのみが大切かと思います。しかしその転生もそろそろ終盤のようです。たまに夢で地球以外の景色を見ていた事もあって、どうやら魂の出身は他の星のようです。地球での名前の榎木孝明のイニシャルもE・Tですから、笑っちゃいますが。

1989年に撮影が始まったガイアシンフォニー第一番は、完成しても当時はまだ上映してくれる場所はなく、一年のお蔵入りを経てやっと1992年秋に公開となりました。そこに至るまでの苦労は想像に難くないでしょう。そして公開された作品はまだSNSのなかった時代に、口コミと言う最もアナログでかつ確実な方法で徐々に広まって行きました。時代が後追いをして次第に追いつき並走し、今日第九番を制作するまでに至っています。

科学技術がどれほど進歩し便利な時代になろうとも、根源的な人間の本質は変わりようがありません。地位も名誉も権力も経済も人間の魂を輝かせるのには無縁であることを、そしてスピリチュアリティー（霊性）こそが唯一人類を希望に導けることを、映画ガイアシンフォニーは一貫して伝えて来ました。そして龍村監督の直観力がそれに見合う出演者を選んで来ました。全ての出演者に共通することですが、自分を自慢するでも卑下するでもなく、淡々と自分の道を突き進んでいる人々のなんと爽やかなことでしょう。

この映画ガイアシンフォニーの長い道のりは、いわば物質文明から精神文明への移行の生き証人であるとも言えるかと思います。今人類の生き残りをかけた時代が始まっています。地球の主人は人類ではなく、我々はほんのつかの間の住処を借りているだけの存在に過ぎないという謙虚さを、今一度思い出すべき時代ではないでしょうか。たとえ我々人類が滅びたとしても、この先も地球は地球であり続けるであろうことを肝に命ずべきでしょう。

時代は今、人類が次元上昇するアセンションと言うゴールがそろそろ間近に見える処まで来ました。私は、いわば時代の架け橋とも言うべき、多くの人々に本当の自分に気づくきっかけを与えてくれる、このプロジェクトに参加させて頂いて幸せに思います。ついに〝第九番〟という最後の仕上げまでたどり着いた思いでいっぱいです。監督には第九番の大合唱のゴールを目指して、もうひとがんばりして欲しく思います。もちろん私も監督がいつもおっしゃる〝魂の友〟として支えさせて頂きますので、どうぞ宜しくお願い致します。

榎木孝明

清田和子（せいた　かずこ）

ガイアシンフォニーは、自主上映で世に広まった映画である。この映画を多くの人達に観てもらいたい、という衝動にも似た強い思いに駆られた人達。これらの人達による自主上映が、この映画をこれまで支えてきた。こんな思いに駆られた一人に、「ガイアネットワーク湘南」代表の清田和子がいる。清田は、神奈川県藤沢市で美容業を営む一般家庭の主婦である。彼女は初めてガイアシンフォニー第一番を観た時、投げかけられたそのメッセージに圧倒された。この映画には、普段自分が考えていたこの世界への想いや願いが見事に表現されているではないか。象のエレナが見せたあの眼差し。あの眼を見た時、どうしようもなく涙が溢れ出した。象に、あんな眼差しで見つめられる人間がこの世にいるのか。エレナがあの眼で見つめる人物とは、エレナのあの眼差しを撮った人物とは、一体どんな人間なのだろう。どうしても、この映画を撮った監督に会ってみたい。この人物こそは、もしかしたら調和を欠いた現代社会の救世主になるのかも知れない。一番を観た時、清田はこんな強い思いに捕らわれた。その後第二番上映会のスタッフとして初めて龍村に会ったとき、その振る舞いを見て、清田のこの想いは確信に変わった。この人こそ、現代社会に必要とされる人物に違いない。以来四半世紀に渡り、清田は龍村を「仁さん」と呼び人生の師と仰いでいる。

ガイアシンフォニーこそは、現代人が心の支えとすべきバイブルだと考えた清田は、これまでに十指に余る数の上映会を主催してきた。もちろん一番から八番まで、既存の全ての作品の上映に参加している。失敗もあった。清田が中心になり、ガイアネットワーク湘南が主催した藤沢市民会館大ホールでのこと。この日は長丁場で、朝から晩までなんと4回もの公演を予定していた。その最終公演で第三番を上映中のこと、映写機が熱を帯びうなり声と共に煙を吐き出した。1日4回もの上映で、映写機も参っていたに違いない。当時は今のようなDVDやブルーレイでの映像ではなく、フィルムを用いた映写機器だった。大半のスタッフがパニック状態になった。上映は中断を余儀なくされ、映写スタッフは、すぐに映写機が直ることは無いと断言した。しかし上映を諦めきれない清田は、少し休ませて映写機の熱を冷ましたら10分程度で復活できるのではないか、と考えていた。この時ほど真剣に神に祈ったことは無い、と清田は言う。驚いたことに15分ほどで映写機は復活し、その後無事最後まで上映が行われた。奇跡が起こったのだった。上映終了後、清田は舞台の上で土下座して観客に詫びた。しかし、あろうことか、逆に観客からは大きな拍手が起こったのだった。不手際を責める観客など、一人もいなかった。この時の感動を、決して清田は忘れない。一番がスタートしてから四半世紀以上が経った現在、日本中には多くの〝清田和子〟がいて、今でもガイアシンフォニーの自主上映を支えている。

魂の友8

清田和子

魂の師　龍村仁監督

新しい御代。令和元年5月11日。1895m弥山の山頂から、お護摩の霊気が立ち昇り、奏上が始まる。コバルトブルーの空が大峰山系の山並みを浮き上がらせ、上空には白龍が立ち現れる。と、そこへ仁さんからの電話。「今日がその日か。ありがとう」それは、龍村仁監督の魂が弥山大祭へ参加した瞬間でした。

ガイアフレンド達とガイアの聖地、吉野・大峰山系「弥山（みせん）」に第九番完成祈願登攀（とうはん）を決意し、仁さんにお話したら、「意味のあることだね。」とタバコをふかしながら、おっしゃった。かつて女人禁制だった修験道の厳しさは、ご著書やお話で伺っていました。しかし、突き動かされる思いで、第九番完成祈願登山を決行した第八番関係者方の行動に感銘して、私もチャレンジすることにしたのです。即座に共鳴して下さる魂の友。これがガイアネットワーク。

監督が撮影開始当初には考えもしなかった、自主上映会という観客自らが企画してしまうという心意気がここにもあります。践祚(せんそ)改元記念弥山神社天河社奥宮登攀大成功。それも、かつて無いと言われた程の晴天に恵まれ、天が私達の思いを受け入れて応援して下さったことに、感謝致しました。その前日には、勧められていた京田辺の酬恩庵一休寺へお参りさせて頂きました。一休禅師像は「仁さん！」と、思わず呼びかけたくなるお姿でした。

仁さんに教えて頂いたことは、あまりに多くて書き切れません。大げさでなく、私の人生転機の指針となって下さり、魂の友！との出会いを繋いで下さいました。多くの思い出の中で、今でもハッキリ映像と音が出てくる日のことを、忘れないように書いてみます。

２００２年７月に、富士山五合目で「思いやりのご来光」というイベントが開催されました。仁さんのお姉様の龍村ヒリアー和子先生と、チベットサポートグループ「ＫＩＫＵ」の故久保隆さんが主催したイベントで、ダライ・ラマ14世からのメッセージと共に全世界に〝思いやり〟と〝平和〟を発信するという集いです。仁さんに誘って頂き、家族と共にこの集いに参加しました。そこでは、チベットのご僧侶達のご声明がありました。彼らはなんと、あの９・11のグランドゼロで曼荼羅供養をご奉納なさった方々です。そして、あのスーザン・オズボーンとＹａｅさんによるアカペラの「アベ・マリア」が流れました。因みに、Ｙａｅさんというのはとっても素敵なプロのシンガーで、加藤登紀子さんの娘さんです。

更にそこに、天河神社柿坂神酒之祐宮司によるお護摩供養が加わったのです。霊峰富士という場で、なんという絶妙のハーモニー。もうもうと立ち上がる護摩の煙を、仁さんの指が追いました。それは、左右逆の螺旋を描きながら、富士山から天空へと思いを飛ばしているかのように見えました。傍らにいる私に聞かせるでもなく、「水と油、異なる物が一つになる時、スパイラルが起きるんだ。逆のスパイラルが。」この言葉を聞いた時、富士山の大地から満天の星宇宙に、私の体が持って行かれそうになりました。

遠い昔のはずなのに、その時の仁さんが指差した煙の逆スパイラルと浮遊感覚はハッキリと蘇ってきます。チベット仏教のご声明、神道の祝詞お護摩、そしてアベ・マリアが一つになった時、全身に震える程の感動を味わいました。こんな幸福を味わってしまっていいのだろうか、と怖くなるような瞬間でした。その時は、翌日自分の母親が天に召されるとは知る由もありませんでした。しかし不思議なことに、護摩の煙を浴びながら、母親の魂が肉体から離れてゆく感覚をイメージしたのです。そしてこの体験が、母を見送る私に揺るぎない覚悟を与えてくれました。母の魂が喜ぶ音魂を送ればいいんだ、と。

その頃、私の所属するガイアネットワーク湘南の上映会は、1200名定員の藤沢市民会館大ホールが前売りだけで3日前に完売する勢いでした。細胞の奥深くにしまい込まれていた「いにしえの記憶」を想い出させてくれるガイアシンフォニーに惚れ込んで、伝えまくっていたころの事です。本当に大切なことに気づき始めた人達のアンテナが、これを求めていたのかも知れません。

仁さんは、観客の皆様を喜ばせようとして、とても気遣いなさいます。こんなことがありました。藤沢での第八番上映会でのこと。上映後の大ホールステージ上で、TSUNAMIチェロとピアノによる「浜辺の歌」の演奏に観客は酔いしれていました。その後の仁監督講演の時、なんと私が呼ばれステージ上に呼び出されました。予定外のシナリオです。話の途中で、仁さんは突然、椅子から立ち上がり、ピアノの前に。なんとベートーヴェンの「月光」を弾き始めたのです。まさかのピアニストデビュー。観客は、かつて見たことも無い監督に拍手喝采でした。仁さんいわく、「君が話す伴奏をしたんだよ」と。嬉しいやら、驚くやら。私にとっては一生の思い出です。ありがとう、仁さん。

そんな仁さんが、私を困らせることもあります。タバコです。お酒を召し上がらないので、おタバコの楽しみはストレス解消に必要なのでしょうね。とはいえ公共施設はほぼ禁煙なので、上映会場で私は先ず喫煙可能な場所をチェックします。ところが駄々っ子を諭すように禁煙を申し上げると、ポケット吸い殻入れをお見せになり、「これを持っているから、大丈夫だよ」、と。これには、こちらが苦笑。禁煙控え室で、喫煙なさろうとする監督に思わず「主催者に迷惑が掛かります!」と申し上げたこともあります。男性トイレに入ってしまわれると、こちらもお手上げ。吸い殻をさりげなく回収したこともありました。中学生か、と思わずぼやいてしまいます。あれ? 気づいたら人間龍村仁を書いてしまいました。せめて、おタバコとコーヒーは楽しみたいですよね。うるさくてすみません。

象のエレナがあの眼差しを向けた、龍村仁という審神者に天はどんな愛をゆだねたのだろう。

さぁ！ 映画「地球交響曲第九番」藤沢上映会の準備をしましょう。

第九番撮影開始となった令和元年神無月

清田和子

高野孝子

（たかの　たかこ）

高野孝子。ガイアシンフォニー第七番の出演者である。多彩な顔を持ち、冒険家にして大学教授、その傍ら環境教育や異文化理解を促進するＮＰＯ法人「エコプラス」の代表を務める。高野は、早稲田大学文学部を卒業後ジャパンタイムズの記者を経、後にケンブリッジ大学大学院、さらにエジンバラ大学大学院に学び、「野外・環境教育」分野の博士号を習得している。〝実践を通じた環境教育や異文化理解〟を研究する学者である。一方冒険家としての活動は、アマゾン川１５００㎞のカヌーでの川下り、厳冬期のベーリング海横断、サンディエゴ～サンフランシスコ間の帆船航海、サバイバルレース「レイド・ゴロワーズ」など数多い。中でも、５人の男女混合のチームでロシアからカナダまでの北極海を無動力（スキー・犬ぞり・カヌー）で極点横断した旅は、実に４か月に渡る激闘の結果もたらされた世界初の快挙であった。これらの活動は明らかに冒険家の仕事なのであるが、本人は冒険家としての意識はないと言う。２００３年の雑誌アエラのインタビューに際し、自身の冒険行に関してこう語っている。

「今まで記録や名声のために、探検や冒険に出たことは一度もなかったです。危険を伴う旅だって、未知の世界を見てみたいという好奇心から。ただその体験をフィードバックする現場がなければ、私にとって探検や冒険は意味をもたない。（中略）その意味で自分の体験を広げる場が探検という旅であり、（後略）」

『ＡＥＲＡ　2003年4月14日号　現代の肖像：高野孝子』

高野にとって過酷なフィールドでの活動は、成し遂げた記録が目的ではなくて、活動そのものに意味がある。それによって自身の体験を広げることに意味がある。なぜなら高野は、自分が知らない多様な自然、多様な文化、多様な価値観がこの世界には存在する、という我々が頭では理解しているその当たり前の事実を、身を持って体験し、理解し、納得し、そのうえでそれを人々に伝えたいのだ。マイナス40℃の世界。北極海の乱氷帯での氷との格闘。重い犬ソリを押し、一歩ずつ進んでゆく時の荒い息遣い。薄い氷を踏み抜き海に落ちた犬たち。それを助ける隊員の奮闘。過酷な環境がもたらす隊員間の軋轢……そうした体験を、リアルな現場を、彼女は伝えたいのだ。なぜ伝えたいのかと言えば、それは自分たちの知らない世界があること、自分たちとは違う考えや価値観が現実にあること、それを世界の子供たちに伝えたいから。従ってこの北極海を行く過酷な旅の時も、彼女は重い通信機材を運び続けた。これらの機材は、アップダウンが続く乱氷帯を走るソリの足かせになる。チーム内には冒険記録のために、この機材を捨てようという意見もあった。しかし、現場の記録を伝えられない旅は高野にとって意味をなさない。彼女は、反対意見のあるなか黙々と機材を運び続けた。この旅の様子を世界中の子供たちに発信するために。

従って高野のフィールドでの活動は、自らが成し遂げた記録が業績として認知され、それが重要な意味をもつ冒険家とは根本的に目的が違う。活動すること自体が重要で、それを冒険という文脈では捉えない。まして高野にとって、これらの冒険行はそれ自体大きな喜びなのだ。実はこの彼女の姿勢、星野道夫とそっくりである。星野道夫は冒険に近い自らの足跡を決して誇張することもなく淡々と記しており、時に、我々一般人でもできる旅なのかな、と勘違いしてしまうような記述をする。しかし、作家の池澤夏樹氏も指摘するように彼が辿ったフィールドは時に命の危険までもたらすような過酷な場面の連続であり、その旅は、かの植村直己をも彷彿とさせる冒険行だった。例えば、厳冬期のマッキンリー山群に単独で入り、マイナス50℃という想像を絶する場所で一か月以上も過ごしている。また、複雑に入り組んだグレイシャーベイの水路をカヤックで巡り、満月の夜にしか現れないとされる伝説の水脈を探り、それを辿る旅などはもう冒険そのものである。しかし星野は決してそれを自慢することもなく、ただ大きな喜びだけを表現し、何もなかったように一人で平然と行くのだった。彼の写真や文章が私たちの心に響くのは、きっとそんな彼の人柄も影響しているのだと思う。高野孝子のフィールドでの活動は、この星野のスタンスに近い。そういえば、以前龍村監督は言っていた。自分の業績を自慢げに話す人にガイアシンフォニーへの出演を依頼することはない、と。ガイアシンフォニーは、登場人物の業績に焦点を当てるのではなく、その人の動機を映し出す映画だ、と。高野の動機は、ガイアシンフォニーのコンセプトに合っていた。では、高野の動機の何がこの映画と親和したのか。

人の自然治癒力の発現に、その人の〞心の在り方〞が大きく影響することが知られている。龍村は言う。今の地球（ＧＡＩＡ）は、悪性の肺炎に苦しんでいるような状態にある、と。過激化する気候変動はその苦しむＧＡＩＡの自然治癒力の発現だ、と。その上で、「私達人類は、そのＧＡＩＡの心を荷う存在です」と龍村は言う。つまりは、僕たち〝人類の心の在り方〞が地球の病を癒す鍵を握る、と言うのである。このようなコンセプトの下に作られたガイアシンフォニー第七番。龍村は、そこに高野孝子を登場させた。その意味は、高野の生きざまの中に我々人類が〝ガイアの心〞として持つべき価値観のようなものが存在するということだろう。高野孝子が大切にしている価値観、それは彼女が代表を務める「エコプラス」のコンセプトに現れる。『NPO法人エコプラス』すなわち、「自然環境で自己を試し、生命のつながりを感じること」、「異文化や地域社会で新たなもの異なるものを理解し、尊重する姿勢を培うこと」。この2つの考え方は、高野が冒険にも似た多くの自然体験を重ねる中で培われたものだ。中でも、イヌイットの生きる姿に学んだ部分は大きい。高野には、イヌイットの古老から教えられた印象的な言葉がある。それは、「人間として生きる上で大切なこと。そんなものは、自然の中にいれば全部身に着く。」というシンプルでストレートな言葉。事実イヌイットは、自然の中で学び自然と共に生きてきた。高野は言う。

「彼らは、人間として身に付けなければならない技術、知識、素養、態度、情感など全てを自然の中で育くんできた。厳しい自然の中では、現実的な問題として、人々が助け合わなければ生きて行けなかった。その中には、犠牲も含まれた。しかし時には自分の考えを主張する事も必要であり、つまりは、集団の中で折り合いをつけることが重要だった。」

（濁川孝志インタビュー）

自然の中で生きるとき、人々はその土地固有の価値観を育む。同時にその土地に一番適した、生きるための合理的な技術や方法を生み出す。この地球上には色々な場所があり、その土地その土地に、自分たちの知り得ない固有の価値観や生きる方法が育まれている。高野はそれを、「Native Science」と呼ぶ。その土地固有の価値観や技術・方法を、発達した先進国の科学的なテクノロジーで塗り替え、一般化することには無理がある。そのやり方では、長い時間をかけて育まれた土地本来が持っている合理性との間に、見えない齟齬や軋轢が生まれるのだ。今、我々の世界に顕在化しているいくつかの問題は、この盲点から生まれている。

一方、過酷な自然の中では、コミュニティ全体が協力しなければ、それは個々の存続を脅かす事態を生む。コミュニティの調和が不可欠なのだ。それは、そのまま今のガイアにも当てはまる。今の地球には、全体としての調和が必要なのだ。実生活の中から紡ぎ出されたイヌイットのこの言葉は重い、と高野は言う。自然から学ぶこと。多様なものの存在を理解し、尊重し、それらと折り合いをつけること。高野孝子が大切にするこの2つの姿勢こそ、ガイアが自らを癒すために重要な〝価値観〟である。龍村は、そう考えたのではないだろうか。いや考えたのではなく、高野の目を見た時、龍村の直感が彼女を出演者として選んだのだと思う。

魂の友 9

龍村監督へ

高野孝子

初めてお会いしたのは1997年。地球交響曲第三番を観たあとでした。龍村さんは、私との縁は「星野道夫の魂が結んでくれた」と言われました。そうであれば嬉しいです。星野さんとは共通する知人や場所、体験があり、いずれお会いすると思っていた方でした。私からすれば、龍村さんを通して星野さんに触れる気がします。

監督に会いに行く時、私はチュクチ民族のシャーマンの帽子を携えて行きました。それは、チュコト半島である人から渡されたもの。「強いパワーを秘めているから、うかつに扱ったり人に見せてはならない」と言われていました。なぜか龍村さんにはお見せしたいと思って、バッグに忍ばせて行ったのでした。

テーブルを挟んで座っていた監督は、私がその帽子を取り出すとすぐに、「シャーマンの帽子だね」と言い、手にするや否や、すぽっとかぶってしまわれました。

「？＠＆＊！！」

びっくりして、私は声にならない声をあげました。パワーのある帽子を！　シャーマンの！

何か起きてしまうのではないかと思いました。帽子にはふさがたくさんぶら下がっていて、龍村さんの顔はすっかり覆われています。龍村さんはじっと、組んだ足に両手を置いたままです。私は気が気でなく、唾を飲み込みながら、見つめていました。

1分以上もしたあと、龍村さんはゆっくり帽子を脱いで私に差し出し、「どうしてこの帽子があなたのところに来たんだろうね」と目を輝かせて言ったのです。

帽子をかぶっていた時、龍村さんには何が起きていたのでしょう。

こんなことをできてしまう龍村さんの自由さは無の姿勢でしょうか、いや、もしかするとシャーマンの力と同期した魂を持っているということかもしれません。

そしてこの衝撃的なことを、後日龍村さんは一切覚えていないと言うのです。

ささやか過ぎて印象に残っていないのでしょうか。

年齢も、社会的立場も関係なく、本質を見抜いて、謙虚に、多様な人たちと見えない世界を共有してつながっていく。その龍村さんの繋がりの中に入れていただいたおかげで、素晴らしい出会いをたくさんいただきました。

自分もホンモノでありたい。くたびれても妥協せずに、諦めずに、こだわって価値の高いものを作り出していく。龍村さんからはいつも励ましを受ける気がします。龍村さんと出会えたことに感謝しています。

高野孝子

注　本章で取り上げた「魂の友」の順番は年齢順とした。

あとがきに代えて——龍村仁監督へ

ガイアシンフォニー、それは僕たちに幸せをくれる映画です。

最初に少しだけ、自分の専門分野の話をします。いじめ、自殺、ひきこもり、などに代表される現代社会病理。これを生む原因の一つとして、現代人の精神性の中から霊性（スピリチュアルな価値観）が抜け落ちていることを指摘する学者がいます。現代の日本人は物質的な充足感はあるものの、精神的な、中でも特に霊的な意味での充足感が欠如しており、それがこのような社会病理を生み出している、という指摘です。一方我らが龍村仁監督も霊性の重要性を指摘します。監督は、「人は自身の内なる霊性に目覚めることにより謙虚になり、感謝の気持ちが湧き、自分以外の生命のことを本気で考え、祈ることができるようになる」、と言います。そして何よりも、「自分の内なる霊性に目覚めることが、自分自身を最も幸せにするのだ」と言うのです。では、我々を幸せに導くという霊性を呼び覚ますためには、どうすれば良いのでしょうか。学者は、宗教、教育、ある種の修行、自然体験などが霊性を呼び覚ますと指摘します。僕は、映画『ガイアシンフォニー』こそは、それを成し得る貴重なツールだと考えています。僕たち現代人は、霊性を失ったわけでは無い。しかし、自身が備えている霊性という存在を見失ってしまっている部分がある。ガイアシンフォニーは、それを思い起こさせる重要な存在だと僕は思っています。大学の授業でガイアシンフォニーを取り上げ、学生たちと議論してきた長年の僕の経験が、そのように言わせます。つまり、ガイアシンフォニーは我々を幸せに導く映画だと思うのです。

龍村監督との思い出は沢山あります。新宿御苑前にある事務所を訪ねたことも、一度や二度ではありません。その中でも特に忘れられない一日。その日僕はお願い事があり、事務所に監督を訪ねました。お願い事というのは、僕の書いた『星野道夫の神話』という本に監督の推薦文を書いて欲しい、という依頼でした。八番の編集作業が佳境に入り多忙を極める当時の監督でしたので、引き受けて下さるかどうか内心かなり心配していました。映画の編集に入ると、監督は煙草ばかり吸って食事もとらず時間を忘れ作業に没頭するようです。その時は、監督痩せたなあ、という印象を持ちました。神経を使う厳しい仕事なのでしょう。しかし見方を変えれば、監督にとっては一番幸せな時間なのかも知れません。二人で星野道夫の話をひとしきりした後、煙草を吸うためにベランダに出た監督は、「ちょっと、こっちに来てごらん」と言い、僕をベランダに招き寄せました。眼下には初めて訪れた時と同じように新宿御苑の見事な紅葉がありました。

『あそこにイチョウの木があるだろう。あの木の下で、星野道夫と待ち合わせたんだ。俺はこの窓から、星野が大きなリュックを背負って来るのを見ていたんだ。彼が来たのは約束の時間よりかなり前だったよ。』

そこには、黄色に紅葉したイチョウの大木が2本ありました。えー？　まさかあの木の下で！実はその日約束の時間より早く着き過ぎた僕は、監督の事務所を訪ねる前に新宿御苑で時間をつぶしていました。正に監督が指差したそのイチョウの木の下でした。何たる偶然！　あのイチョウの下に、星野道夫も佇んだのかあ〜。僕は生前の星野道夫さんにお会いしたことが無く、そのことがとても残念なのですが、その時の偶然は監督が僕と星野道夫を引き合わせてくれたようで、凄く嬉しかったのです。

龍村仁監督は、ガイアシンフォニー第三番で星野道夫を主要な登場人物にしています。しかしいざ映画の撮影を始めようというその矢先、星野は不慮の事故で他界してしまいました。撮るべき対象を失った龍村監督は悩みに悩んだ末、体のない星野道夫、目には見えない星野道夫を撮ることにしたのです。その結果生まれたのが、シリーズの中でも絶大な人気を誇るガイアシンフォニー第三番なのでした。

その日監督は、推薦文の執筆を了解してくれました。そして、多忙を極めていた監督から推薦文が届いたのは予定より相当遅れ、半年後のことでした。そこには、こう記されていました。

濁川さんのこの著作は、「人間にとって〝神話〟はどうしても必要なものだ」という星野道夫の言霊を受け継いでいる。

『星野道夫の神話』

身に余る過分な推薦の言葉でした。

2020年2月現在、龍村仁監督はガイアシンフォニー第九番の撮影に入っております。監督の体力や年齢から考えると、龍村監督最後のガイアシンフォニーになるかも知れません。実は監督は第七番が完成した直後、今から10年前の2010年の時点で既に九番まで作りたいと、とあるプレゼンで公言しております。ベートーベンも第九まで作っているんだから自分も九番まで作りたい、と半分冗談めかして。もちろん、まだ八番すら見えていない時の話ですから冗談交じりなのですが、僕は監督の直感の中に、自分が九番まで作るイメージが既にこの時あったのだと思います。そして八番が完成して素晴らしい評価を受けたここ数年、龍村監督の中には九番への想いが揺るぎないものとして息づいたのだと思います。強い想いは、やはり実現します。

監督は音楽の人です。だからガイアは、映画ながら「交響曲」。そして監督はベートーベンが好きです。初めてピアノで弾いた曲は、子供の頃無我夢中で練習した「月光」。今でも興が乗ると、ステージ上で月光を奏でることがあります。その時の監督は目を閉じて、実に幸せそうな表情。僕にはそれが、とても愛おしく映ります。抱きしめて応援したくなる。龍村仁とは、そんな存在なのです。

九番の出演者で今のところ分かっているのは、指揮者〝コバケン〟こと小林研一郎。ベートーベンの『第九』を振ってコバケン越える指揮者はいない、とまで言われるそうです。そして、ノーベル賞を受賞された分子生物学者の本庶佑博士。先にも記しましたが、龍村監督は本庶博士がノーベル賞で脚光を浴びる遥か30年も前に、博士の凄さを見抜いているのです。博士は、ご自分の研究過程から得られた知見として、一見無駄に見えるモノの中にこそ、将来重要な役割を担う存在が眠っている可能性があることを、指摘しています。つまり、この世に無駄なモノなど無いのだと。ノーベル賞受賞者に、そう言って頂くとホッとします。無為な時間ばかりを日々送っているような僕としては。さらに、イギリスの認知考古学者スティーヴン・ミズン博士は、ネアンデルタール人は音のパノラマの世界に住み、言葉ではない歌でコミュニケーションをしていたのではないか、という学説を唱えています。歌でコミュニケーション……まるでミュージカルのようです。監督はかねてから、ネアンデルタール人の遺伝子が縄文人の中に引き継がれている事実に深く興味を示していました。そしてしばしば、ネアンデルタール人の遺伝子を一番多く受け継いでいるのは縄文人の末裔である日本人かも知れない、とおっしゃっていました。研究者によれば、縄文時代はほとんど大きな争いが無い世界だったようです。縄文の世は、もしかしたら音楽が日常に満ちた平和な世界だったのでしょうか。監督は、「私は自分の中の遺伝子を通して『ネアンデルタールの歌声』を聴きたいと思っている。」(『地球交響曲第九番：オフィシャルWebサイト』)と書かれています。やはり監督は、音楽の人なのです。果たしてどんな作品に仕上がるのか……早く観てみたいという期待と、最近の監督の体調を考えた時、少しの不安が……正直交錯しております。と言うのも、最近監督は少し痩せたように見えます。

九番の撮影その他で忙しいのでしょうが、きちんと食事をなさっているのか。タバコばかり増えているのではないのか。など、つい要らぬお節介、余計な心配をしてしまうのです。しかし、そんな他人の心配などどこ吹く風。というよりも、そんなご自身の身体的コンディションなど意にも介さず、監督の九番作製への熱意は揺るぎない山のようです。実は本書の第2章「ガイアの思想」では9つのテーマを取り上げ、第3章「魂の友」では9人の方からのメッセージを頂きました。願を懸けたわけではないですが、〝9〟へのこだわりは九番完成を願う切なる僕の思いです。

最近監督とお話しして少し気になる事があります。ちょっと前に話したことを、忘れることが時々あるのです。監督ももう八十歳を迎えるので、健忘症のような症状が出ているのかも知れません。もちろん会話に支障を来すレベルではなく、話は論理的で筋が通っています。だから映画作りに支障を来すレベルではありません。しかし一方で、僕はこのように考えます。仮りに龍村監督に高齢による症状が出ているとして、それが何だと言うのだ。こんなことは、年を取れば誰でも経験することでしょう。スタッフのサポートがあれば何の問題もありません。ましてや、高齢による症状と言うのは短期記憶が欠落することはあっても、脳の情動を司る部分はしっかりと生きている。つまり、龍村仁しか持ち得ないあの類稀な感性は何ら阻害されるものではない。従って、我らが龍村仁監督の価値を微塵も落としはしない。そのように僕は思います。いやそれどころか、逆に高齢による健忘が多少あったとしても、このような素晴らしい仕事を為し得るのだと、世の中に証明することができます。この事実は、今後の高齢化社会を見据えた時、どれほど大きな勇気づけになることか。そのように、僕には思えるのです。なにやらネガティブな事ばかり書きましたが、全ては心配性の僕の杞憂に過ぎないのかも知れません。

九番について記した龍村仁事務所のホームページに以下の記述があります。

楽聖ベートーヴェンは生涯に9本の「交響曲」を作曲し、交響曲「第九番」を作り終えた後、この世を去った。彼は、この「第九番」で、初めて楽器だけではなく人間の歌声「合唱」を入れた。映画、地球交響曲「第九番」を作り始めるに当って私の中に「当時すでに聴覚を失っていたベートーヴェンの耳に人間の歌声はどのように響いていたのだろうか？」という想いが渦巻いている。

『地球交響曲第九番：オフィシャルＷｅｂサイト』

龍村仁の集大成『ガイアシンフォニー第九番』が完成した時、監督にそれがどのように映り、響くのか。僕は、それを監督に聞いてみたいです。

最後になりますが、この本は単に人間「龍村仁」を紹介しようというものではありません。今、地球は大きく音を立てて変わりつつあります。極端な気候変動と甚大な自然災害、政治や宗教と連動した紛争やテロ、自国第一主義が助長する国際社会の分断と経済格差、ＡＩの台頭による人間疎外……などなど問題を挙げ出したら切りがありません。このような社会状況にあって、本書で取り上げた龍村仁の思想は僕らが未来を生きてゆく上で大切な道標に成ると思うのです。今を生きる多くの人々がガイアシンフォニーの思想に共鳴し、自らの生き方を問い直すとき、母なる星ガイアはそんな私たちを再び優しい眼差しで抱いてくれるのではないでしょうか。

謝辞

本書の執筆に際し、以下の方々に大変お世話になりました。謹んでここに謝意を述べたいと思います。

俳優の榎木孝明氏には、超ご多忙の中、わざわざ本書原稿をお読み頂き過分なる推薦文を頂きました。

第三章【魂の友】で取り上げた9名の方々。柿坂神酒之祐宮司様、中澤宗幸氏、ボブ・サム氏、恩田映三氏、名嘉睦稔氏、野中ともよ氏、榎木孝明氏、清田和子氏、高野孝子氏。以上の方からは、お忙しい中、龍村仁監督への素晴らしいメッセージを頂きました。またこの中で、ボブ・サム氏からのメッセージの翻訳は、ボブと親交があり、日本滞在中の通訳を務めた府川彩和子さんにお手伝い頂きました。

諸般の事情がある中、でくのぼう出版の熊谷えり子さんは本書を世に出してくれました。ばしこ画伯こと、小林詩織さんはこの本の素敵なカバー絵を描いてくれました。

そして誰よりも、龍村仁監督はガイアシンフォニーという宝物を僕らに授けてくれました。

以上の方々には、感謝してもし切れません。ここに、衷心より厚く御礼申し上げます。

2020年2月

濁川孝志

参考文献

・矢作直樹『人は死なない』バジリコ
・龍村仁、龍村ゆかり『地球（ガイア）の祈り』角川学芸出版
・産経新聞 ２０１５年2月21日 夕刊 『「錦」と宮尾登美子』（https://www.tatsumura.co.jp/info/media_20150221.html）＊
・芥川龍之介『芥川龍之介全集　第三巻』岩波書店（１９７７年）
・宮尾登美子『錦』中公文庫
・龍村仁『地球（ガイア）をつつむ風のように』サンマーク出版
・龍村仁『心の「器」』（http://gaiasymphony.com/jintatsumura/essay01-21#03）＊
・龍村仁『この人の話』（http://www5c.biglobe.ne.jp/~izanami/iihanasitatumura.html）＊
・龍村仁『ガイア・シンフォニー間奏曲』インファス
・龍村仁『キャロル闘争宣言　ロックンロール・テレビジョン論』田畑書店
・龍村仁『メッセージとメディア　～撮ることから伝えることへ～』（http://www.kobegakkou-blog.com/blog/1999/01/post-1666.html）＊
・龍村仁『地球（ガイア）交響曲の軌跡』人文書院
・龍村仁『地球（ガイア）のささやき』創元社

・龍村仁『地球交響曲(ガイアシンフォニー)第三番　魂の旅』角川書店
・龍村仁『地球交響曲（第一番）』（http://gaiasymphony.com/jintatsumura/essay01-21#15）＊
・龍村仁『ガイアシンフォニー第四番』（http://gaiasymphony.com/gaiasymphony/no04）＊
・星野道夫『アラスカ　光と風：星野道夫著作集1巻』新潮社
・小坂洋右・大山卓悠『星野道夫　永遠のまなざし』山と溪谷社
・星野道夫『魔法の言葉（南東アラスカとザトウクジラ）星野道夫講演集』スイッチ・パブリッシング
・星野道夫『旅をする木（トーテムポールを捜して）星野道夫著作集3巻』新潮社
・竹田恒泰『現代語古事記』学研パブリッシング
・ジョーゼフ・キャンベル、ビル・モイヤーズ『神話の力』早川書房
・星野道夫『アークティック・オデッセイ　遥かなる極北の記憶』新潮社
・朝日新聞デジタル『ソニーがアップルを買収してたら　元ＣＥＯ出井氏に聞く』（https://www.asahi.com/articles/ASM354Q3BM35ULFA00M.html）＊
・龍村仁『エッセイ：命の移しかえ』（http://gaiasymphony.com/bu/e-13.html）＊
・龍村仁『エッセイ：宇宙のささやきが聞こえる』（http://gaiasymphony.com/bu/e-14.html）＊
・龍村仁『エッセイ：ドキュメンタリー』（http://gaiasymphony.com/bu/e-04.html）＊
・星野道夫『森と氷河とクジラ（消えゆくトーテムポールの森で）星野道夫著作集4巻』新潮社
・龍村仁『観客がクリエイターとなる映画をつくる―第１７８回(下)』（https://www.bcnretail.com/hitoarite/detail/20170227_125012.html）＊

・稲盛和夫『心。』サンマーク出版
・柿坂神酒之祐『祈りを奏でる』(https://www.bookclubkai.jp/portfolio/interview07/)＊
・中澤宗幸『最低限の作業で元に戻すのが修復師』(https://weekly-economist.mainichi.jp/articles/20181009/se1/00m/020/061000c)＊
・中澤宗幸『いのちのヴァイオリン　森からの贈り物』ポプラ社
・Classic for Japan『千の音色でつなぐ絆プロジェクト』(https://classic-for-japan.or.jp/tsunami_violin/concept.php)＊
・野中ともよ『「終わりの始まり」の今こそ笑顔で元気にさわやかに!』(https://www.wendy-net.com/nw/person/314.html)＊
・野中ともよ『地球交響曲第八番　コメント』(http://gaiasymphony8.com/comment/)＊
・榎木孝明『榎木孝明　オフィシャルサイト』(http://www.officetaka.co.jp/picture/index.shtml)＊
・榎木孝明『30日間、食べることやめてみました』マキノ出版
・高野孝子『ＮＰＯ法人エコプラス』(http://www.ecoplus.jp/category/日本語/)＊
・高野孝子『ＡＥＲＡ ２００３年4月14日号「現代の肖像：高野孝子」』朝日新聞社
・濁川孝志『星野道夫の神話』コスモス・ライブラリー
・ガイアシンフォニー オフィシャルＷｅｂサイト『地球交響曲第九番』(http://gaiasymphony.com/地球交響曲第九番/)＊

＊ホームページの記事は、全て２０１９年12月23日現在のもの

濁川 孝志（にごりかわ　たかし）

1954年、新潟県生まれ。

現職：立教大学　大学院コミュニティ福祉学研究科　教授　博士（医学）

研究領域：トランスパーソナル心理学、心身ウエルネス、自然とスピリチュアリティ

著書に『星野道夫の神話』（コスモス・ライブラリー）、『星野道夫　永遠（とわ）の祈り』（でくのぼう出版）、『日本の約束　世界調和への羅針盤』（でくのぼう出版）、『新・コミュニティ福祉学入門』（有斐閣）、『ブラックバス問題の真相』（牧歌舎）など

ガイアの伝言 ——龍村仁の軌跡

二〇二〇年 三月 二一日 初版 第一刷 発行

著 者 濁川 孝志

装 幀 桑原 香菜子

カバー挿画 ばしこ。

発行者 山波言太郎総合文化財団

発行所 でくのぼう出版
神奈川県鎌倉市由比ガ浜 四—四—一一
TEL ○四六七—二五—七七〇七
ホームページ https://yamanami-zaidan.jp/dekunobou

発売元 星雲社（共同出版社・流通責任出版社）
東京都文京区水道 一—三—三〇
TEL ○三—三八六八—三二七五

印刷所 株式会社 シナノ パブリッシング プレス

ISBN978-4-434-27299-8